人類の覚醒に命を懸ける
TRUTH
真実追求者たちとの対話
SEEKERS II

～光の勝利で、ついにカバール陥落～

◆◆◆

佐野美代子
Miyoko Sano

ジャネット・オサバード & シンサ・コーター

ジェームス・ギリランド

ジーン・コーセンセイ

はじめに

　こんにちは！　佐野美代子です。

　おかげさまで、前著『地球と人類を救う真実追求者たちとの対話　Truth Seekers　～光と闇の最終章が今、はじまる～』は大きな反響をいただくこととなりました。

　まずは、この場を借りて読者の皆さんへ、心からの感謝を申し上げます。

　どうも、ありがとうございました！

　命を懸けて、真実を告白してくださった3人の方との対話をまとめた1冊は、多くの人たちの"目覚め"につながる一助になれたようで、私にはそのことが何よりの喜びとなっています。

　そして今回、多くの方から「もっと本当のことを知りたい！」「大手メディアが伝えない真実の情報が欲しい！」という声をたくさん頂戴し、第二弾として『人類の覚醒に命を懸ける真実追求者たちとの対話　Truth Seekers II　光

の勝利で、ついにカバール陥落』を上梓する運びとなりました。

　今回の続編でも、世界の裏で起きている真実を語るならこの人！という選りすぐりの３組の方にご登場いただきました。

　まずは、オランダ人ジャーナリストのジャネット・オサバードさん、シンサ・コーターさんのお２人。

　日本では、彼女たちのことを知らない方も多いかもしれませんが、彼女たちは、『Fall of the Cabal（カバールの陥落）』というドキュメンタリーフィルムのシリーズを制作していることで、世界的に有名なジャーナリストたちです。

　真実を追求する最前線のジャーナリストのお２人からのリアルで鬼気迫る情報の数々には、驚かれる方も多いのではないでしょうか。

　次に、UFOやエイリアンの世界では、その名前を知らない人はいないであろうというほど、業界の先駆者であり、リーダー的存在でもあるジェームズ・ギリランドさん。

自らもコンタクティであり、スピリチュアル・リトリートセンター「ECETI（Enlightened Contact with Extraterrestrial Intelligence）」という施設を運営するジェームズさんのお話を聞くと、光と闇の背後には、宇宙からの存在たちの影響が大きく関与していることにも気づかれることでしょう。

　最後の３組目は、前回同様、元海軍特殊部隊のジーン・コーセンセイさん。
　ジーンさんのお人柄と語られる情報の深遠さや確かな信憑性には、たくさんのファンがいらっしゃるので、今回もご登場いただくことになりました。

　さて、大統領選を終えた時点で出版した前著から、約１年の月日が経ちました。
　その後、世界はどのような展開を迎えているのでしょうか。
　ここでは、大統領選以降の世界のゆくえを、ざっと駆け足で振り返ってみたいと思います。

　まずは、アメリカ大統領選挙では、予想通りトランプ前

大統領が圧倒的多数の票を獲得していたのに、ご存じのように、大胆な不正によって、ジョー・バイデンが勝利してしまいましたね。

　また、1月6日にはワシントンDCの国会議事堂に100万人の愛国者たちが全米から平和的に集まりました。けれども、アンティファ（anti-fascist：反ファシスト）たちがトランプ支持者に扮装して議事堂に乱入して、大きな混乱の方がメディアでは報じられてしまいました。

　そして、1月20日の大統領就任式には、トランプさんが大統領を退任する17分前に、ジョー・バイデンが宣誓をしてしまいました。

　つまり、ジョー・バイデンの宣誓は無効なのです。

　この日の就任式を撮影した市民ジャーナリストの動画によると、実際にテレビで放映されたものは、CGI（computer generated imagery）による偽物だったことも明らかでした。

　実は未だに、大統領が常に持ち歩いているという核ボタンのコードがあるバッグも、トランプさんが所有したままなのです。

　つまり、バイデンは実権のない大統領であることがわか

ります。

　現在も、実際には米軍がアメリカという国を支配していて、その総司令官がトランプさんなのです。

　つまり、米軍とトランプさんが国家叛逆罪や殺人罪などの罪人をグアンタナモ刑務所などの軍事法廷に連行でき、判決を出す権限を持っているのです。

　すでにこれまでに、約20万件もの極秘訴状があり、俳優のトム・ハンクスなどのハリウッドスターを含め、多くの関係者が逮捕されています。

　さて、本書にも出てくる「緊急放送」に関してですが、今年の夏には、その「テスト」が行われたのですが、妨害に遭ってしまい、10％くらいの人にしか情報が届いていなかったようです。

　しかしながら今となっては、もはや緊急放送という形での情報開示がなくても、メッセージアプリの「テレグラム（Telegram）」に大量の写真や動画が続々と日々上がっている他、機密情報を公開するウェブサイトの「ウィキリークス」などから、多くの情報が手に入るようになってきましたね。

「Q（Qアノン）」についても、未だにその存在はヴェールに包まれていますが、私はトランプさん、ジョン・F・ケネディ・Jr.、マイケル・フリン将軍、マイク・ロジャース前NSA長官、エズラ・コーエン・ワトニック中佐などが、AIや未来透視のテクノロジーを駆使しながら活動しているチームだと推測しています。

　もしかしてそこには、本当は生きていると思われるダイアナ妃やマイケル・ジャクソン、また、銀河連合の善良なエイリアンたちも関与してくれているのではないでしょうか。

　最近では、今年6月に死亡したといわれているジョン・マカフィー（アンチウイルスソフトウェア・デザイン・ウイルススキャナ開発の先駆者でマカフィーの創業者）も実は生きていて、Qの中心人物ではないかと海外では推測されています。

　日々世界中で起きているニュースには、本当に、推理小説を解いていくようなワクワク感がありますね！

　もちろん、それは目覚めた人にとっては壮大で楽しいマジック・ショーではあるのですが、読者の皆さんも、実は、ご自身がこのショーにおける1人の登場人物でもある

のです。

　だからこそ、一人ひとりがご自身なりにできるアクションを起こしていただければ、将来は素晴らしい未来が約束されると信じています。

　最後に、今回の本では、悪魔崇拝者たちに関する怖い話も多くなってしまいましたが、これもすべて、私たちが輝く未来を迎えるためにも、知っておくべき１つの道、プロセスでもあるので、それらについても隠さずにすべてご紹介したいと思います。

　ただし、読者の皆さんは、すでに平和で美しい未来へと進むタイムラインにしっかりと乗っているので、何の心配もいりません。

　どのような情報に関しても、ただ明るい気持ちで、受け止めながら読み進めていただければと思います。

　さあ、それでは、今回はさらに"宇宙的スケール"になった真実のトークをお届けしたいと思います！

　あなたが、本書を通して、さらに真実に目覚めますように！

佐野美代子

CONTENTS

PART I

ジャネット＆シンサ
Janet Ossebaard & Cyntha Koeter

スペインから
「カバールの陥落」を世界に発信する
気骨あふれるオランダ人
ジャーナリストの2人

PART II

ジェームズ・ギリランド
James Gilliland

UFO&エイリアンの世界の第一人者が
宇宙視点のスケールで光と闇を説く

PART
III

ジーン・コーセンセイ
Gene Cosensei

元海軍特殊部隊出身、
徹底したリサーチで真実を暴き、
愛で人を導く

PART I

ジャネット＆
シンサ

Janet Ossebaard & Cyntha Koeter

スペインから
「カバールの陥落」を世界に発信する
気骨あふれるオランダ人
ジャーナリストの2人

オランダ発！
気骨精神あふれる
ジャーナリスト2人

美代子　こんにちは。今日はジャネットさん、シンサさんのお2人にお会いできて、大変光栄です。よろしくお願いいたします。

シンサ　こんにちは。こちらこそ、美代子さんにお会いできて嬉しいです。

美代子　お2人が制作している動画、『Fall of the Cabal（カバールの陥落）』シリーズは世界的に大ヒットしていますが、お2人ともオランダの方ですよね？　読者の皆さんに、簡単な自己紹介をお願いできますか？

ジャネット　はい。私たちはオランダ人です。私は、30年以上ジャーナリストをしてきましたが、どこにも所属せずに、自由で独立した立場での報道を行ってきました。シンサも最高のリサーチャーで、動画の制作は途中から2人

16

で行っています。私たちは、最強のコンビですよ（笑）。

シンサ　私は、2018年からドキュメンタリー制作にリサーチ担当で携わっています。もともと、キャリアとしては、ロッテルダム警察で金融犯罪の分析担当に携わった後、国境なき医師団にも加わって中東へ赴いたこともあります。

美代子　ユニークなキャリアですね！　ちなみに、ドキュメンタリーを制作するきっかけになったのは？

ジャネット　私がこの世界に関わるようになったのは、4年前にＱの投稿を見たことがきっかけです。まるで、私がずっとリサーチしてきた「クロップ・サークル*（日本ではミステリー・サークルと呼ばれている）」と同じように、謎が多くてミステリーだったからです。特にＱは、暗

＊クロップ・サークル
　（ミステリー・サークル）

田畑で栽培している穀物の一部が幾何学模様に倒された跡。円が複数組み合わされた形状や、幾何学模様が多い。英国に多い。人間が作ったのもあるが、多くは、地球外生命体が何かしらのメッセージを伝えるために作成するといわれている。

号やゲマトリア（数字）や略字を使って表現するので解読が難しく、諦めかけていたのですが、ある日のQの投稿から、ふと暗号が解けそうな希望が見えて以降、今のようなドキュメンタリー制作にまでたどり着いたのです。

美代子　それにしても、動画はネットで３千万回も再生されたのですよね！　すごすぎます。お２人の活動には感謝の気持ちでいっぱいです。

ジャネット　はい。今日は私たちに、このような機会をいただき大変光栄です。日本に美代子さんのような方がいらっしゃるのは、とても心強いですね！

美代子　ありがとうございます。でも、日本は島国のせいか、まだまだ目覚めている人が少ないです。真夏の30度以上の高温多湿の中、98%の人がマスクをつけているんですよ。

ジャネット　そうなんですね！　でも、だからこそ、あなたのような仕事がとても重要になるんですね。ちなみに、活動をする上できちんと安全を確保できていらっしゃいま

すか？

美代子　はい、今のところは。でも、YouTube のチャンネルは、あなた方同様に、アカウントごと削除されてしまい、サブチャンネルも警告を受け続けて動画も削除されてしまうので、完全に、睨まれているという感じかもしれません。

シンサ　そうですか。でも、警察が来て逮捕されたりはしないのですね？

美代子　はい、そのあたりは大丈夫です。日本は海外みたいに都市のロックダウンもないし、マスクをしないからといって、逮捕されたりまではしないですね。

2人　それはいいですね！

美代子　そういう意味では海外よりも恵まれているかもしれませんね。問題は、あまりにも多くの人が眠っているということですね。

2人 そこで、あなたの出番ですね！（笑）

 ## ジャネットさんは
クロップ・サークル研究の
第一人者

美代子 はい（笑）。ところで、ジャネットさんは素晴らしい賞を受賞されている方だとお聞きしました。

ジャネット はい。2001年にオランダのフロンティア・サイエンス財団から「フロンティア賞」という賞をいただきました。この賞は、その年に新しいサイエンスの分野で優れたリサーチをした人に与えられる賞で、UFOとクロップ・サークルについてのフィルムです。実は私は、もう30年以上も前から、クロップ・サークルの研究をしてきているのです。その他にも、幾つかの賞をいただいています。

美代子 そうなんですね！　私も、もう15年以上前にな

りますが、イギリスのクロップ・サークルに行ったことが
あります。サークルの中に入ってエネルギーを感じてみた
りしましたね。

ジャネット　それは、すごいですね！　私も未だにクロッ
プ・サークルには魅了されています。

美代子　クロップ・サークルでは、UFO や宇宙人などに
遭遇したりしますか?

ジャネット　はい、これまで UFO は何度も見ていますよ。
UFO は、スペインやオランダ、ドイツでも目撃していま
す。UFO は間違いなく、至る所で出没していますよ。よ
く、UFO の光をサテライトだと勘違いする人が多いので
すが、サテライトの光は突然方角や速度を変えたりはしま
せんからね。私はこれらのすべての動画を撮影してきたの
で、きちんと証拠もありますし、複数の目撃者と一緒に確
認したり、かなり近い距離での目撃体験もありますね。

美代子　そうであれば、ジャネットさんは UFO に乗船し
たこともあるかもしれませんね。

ジャネット　その可能性は大です（笑）。

美代子　きっと、覚えていないだけですよ（笑）。

ジャネット　そうかもしれません。UFOやETからは、未来やタイムラインについて、多くの情報をもらっていますからね。

美代子　それは興味深いですね！　宇宙人からのメッセージなんて、ワクワクしますね。私も、かつて「モンロー研究所」や「ラムサ（古代の賢者で現在はアセンデッド・マスター）」の学校に行ったことがありますが、ラムサのことはご存じですか？

ジャネット　もちろん、知っていますよ。これまで、多くの貴重な体験をされていますね。

美代子　モンロー研究所の公式アウトリーチファシリテーターもやっていたので、「ヘミシンク」のセミナーを開催していましたが、セミナーでは変性意識に入り、体外離脱

とか高次元の存在たちとの交信もしていましたよ。

2人 すごいですね。英語もとてもお上手ですね！

美代子 ありがとうございます。私は幼い頃はイギリスで育ち、24年間海外生活をしてきました。最後にいたのはスイスのジュネーブですが、カバールにとってスイスは重要な国ですよね。

ジャネット そう、その通りです。

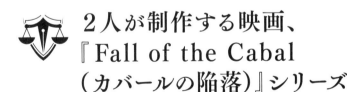

2人が制作する映画、『Fall of the Cabal（カバールの陥落）』シリーズ

美代子 ジャネットさんの映画、『Fall of the Cabal（カバールの陥落）』シリーズは世界的にヒットしていますが、この映画の制作はどのようなきっかけではじめられたのですか？ 大変な作業だったと思います。

2人　はい、フルタイムの仕事どころではない大変さでした（笑）。

美代子　お2人で制作されたのですよね？

ジャネット　はい、まずは私が1人で、最初の10作のシリーズを制作していたのですが、3年前に、シンサに会い、彼女が優れたリサーチャーであることがわかり、以降は続編を2人で一緒に制作することになりました。特に、シンサは「人口削減計画」を徹底的にリサーチしていたのです。私は、シリーズの最初の10作で、カバールが「悪魔崇拝＊で子どもたちを生贄にしている」ということについて調査を重ねていて、それだけですでに頭がパンクしそうでした。けれども、シンサが、「カバールは人口を削減

＊悪魔崇拝

カバールは、悪魔崇拝（サタニズム）をすることで、魔術的かつ超越的なパワーを得ているといわれているが、そのために悪魔に捧げる儀式が必要とされており、その儀式の犠牲になるのは小さな子どもたちだといわれている。＜画像は『Fall of the Cabal』より＞

する計画をしていて、人類を家畜以下だとみなしている」、などという情報を持ってきたので理解の限界を超えてしまい、それらの情報を消化するまで時間が必要でした。

美代子　私も最初の頃は、子どもの生贄やアドレノクロム*についてのことなど、普通の人なら、そんなおぞましいことは絶対にできないので、ちょっと信じられませんでしたね。

（突然、黒いネコが画面に登場）

＊アドレノクロム

アドレナリンの酸化によって合成される化合物。小児に恐怖を与えて虐待をすると、アドレナリンが急増してアドレノクロムというホルモンが合成される。これを大人が摂取するとアンチエイジングや若返りなどに効果があるとして、エリート層やセレブリティなどが使用しているといわれている。そのための人身売買の闇のネットワークも存在している。写真右下は、実業家のジェフリー・エプスタイン（性的虐待や売春斡旋の容疑で逮捕後に2019年に死亡）とイギリスのアンドリュー王子。＜画像は『Fall of the Cabal』より＞

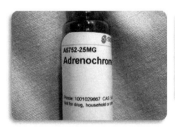

美代子　あら、ゴージャスなネコちゃんですね。オスとメスどちらですか？　何歳ですか？

シンサ　ズーム（ZOOM）がはじまると、うちの猫はジャネットの声が大好きで必ず寄ってくるんですよ。オスで今、5歳です。

ペットの犬が ワクチン接種者からの 感染で死亡

美代子　ネコは、1匹だけ飼われているのですか？

シンサ　ペットはネコが2匹と犬が3匹います。実は、10日前に犬が1匹死んでしまったのですが、その死因はワクチンからのシェディング（ワクチンによるウイルス排出）＊だったのです。

美代子 ペットのワンちゃんは、亡くなったのですか？

ジャネット はい、そうです。うちの犬を連れて、街に出掛けてレストランに入ったんですね。ここスペインでは、すでに大勢の人がワクチンを接種しているので、レストランなども普通に営業をしていて、人出が多いのです。その日、レストランが混んでいたのが原因で、お店に行った私たち全員がシェディングしてしまいました。私は婦人科系の不正出血があり、シンサは激しい頭痛に襲われました。ペットの犬は、その日から肺の調子が悪くなり、急速に重症化してしまい、たったの数日間で死んでしまいました。息絶えた瞬間は、鼻やお尻から血があふれ出て、血だらけになったのです。実は、このような状態は典型的なシェディングの症状なのです。要するに、身体中に血栓ができてしまったのですね。そして、私は55歳になるのですが、レストランへ行った翌日から、生理がはじまったのです。

美代子 まあ、それは大変でしたね。ワンちゃんは、本当

＊シェディング（shedding）

「ワクチン・シェディング」のことで、「ワクチンによるウイルス排出」という意味。「mRNAワクチン」は、接種した人の体内にスパイクたんぱくを生成することから、それが呼気や汗などで周囲に排出、拡散することがシェディングと呼ばれている。

に可哀そうなことをしてしまいましたね。

2人　はい、とても悲しいです。

美代子　それに、レストランへ行った全員に症状が出るなんて、ひどいですね。

シンサ　はい。ペットの症状がシェディングだと気づいた時には手遅れで、もう重症で手に負えませんでした。私たちはその後、なんとか処置をして回復しましたが、ペットはレストランに連れて行くべきではありませんでした。後悔しています。

ジャネット　シェディングは本当に起きるのです。これは神話でなく事実です。ひどい場合には、死ぬこともあります。私たちはその後、どのようにしたらシェディングの症状を軽くしたり、影響を受けたりしないようにできるのかなどについて、いろいろと調べました。すでにご存じかもしれませんが、ワクチンは生物兵器と呼ばれていますが、ワクチンを接種した人からスパイクたんぱくのシェディングを受けることも生物兵器なのです。私は、今回の経験か

ら、シェディングを受けた場合の回復方法とワクチンを接種して後悔している人に対してのアドバイスができるかと思います。ワクチンを受けた人で、磁石が身体中につく人もいますね。でも、そんな状況でもデトックスは可能です。

シンサ　私は３年前に、カバールの「人口削減計画」のリサーチをしていましたが、それが今、まさに起きているのです。当時、ロックフェラーやキッシンジャーがその計画のために何をしたのかはっきり書いていたのですが、調査の時点では、まだ真実味がありませんでした。どこかフィクションみたいな感覚でしたからね。それが今、私たちの周囲では、コロナによる死者はいないのに、ワクチンやワクチン接種者からのシェディングで亡くなる人が続出しているのです。彼らの計画が真実になり、とても怖いです。

ワクチンの副反応で
魂も抜ける⁉

ジャネット オランダにいる私の友人からEメールが来たのですが、その友人の周囲でワクチンを接種した10人が全員不調だというのです。たとえば、ある人はひどい偏頭痛に悩まされているし、また、ある人の知り合いは、接種直後に心臓発作で死んだ、というケースもあります。さらには、ワクチン接種者は、「放心状態で何かをじっと見つめている」という人もいます。そして、しばらくぼんやりした後に、ある瞬間に「我に返る」とのことなのです。

　私の友人の義理の弟さんは、いつも社交的な人なのに、ワクチンを接種した後の彼は、「魂が抜けていた」ように静かだったと言うのです。まるで、「魂が肉体から抜けてしまったかのよう」だと。先日のレストランの一件以降、街は出歩かないようにはしていますが、私の場合、周囲に人がいると、その中で誰が実際にワクチンを打ったのかということがわかるのです。その友人の言う通り、確かに、ワクチンを打った人は、なんとなく魂が抜けている感じが

しますね。その人のエネルギーの状態でわかるのです。

美代子 あら、そんなことまでわかるのですか⁉ それはすごいですね。

シンサ ちなみに、日本ではどこのワクチンが採用されているのですか？

美代子 今のところ、ファイザーのものが多いようです（2021年6月時点）。しかも、日本はまだ高齢者や医療従事者からのスタートなので、全体としてはまだ少ないです。でも、ワクチンの影響で逆に医療従事者が倒れたりしたら困りますよね。

シンシア はい、人類に対するなんという冒とくでしょうか！

美代子 今のところ、日本ではワクチンの副反応でそんなにバタバタとは倒れていないようですが……。

ジャネット 今はまだでしょうけれど、そのうち増えるの

ではないでしょうか。

シンサ　「カバールのアジェンダ」によると、「多くの人が
ワクチンを打つほど、2回目、3回目と打たなくてはなら
ない状態が毎年続き、その状態で「5G（第5世代移動通
信システム）」をオンすると、通りでも人々が倒れて死ぬ
ようになる」とありました。

目覚めた人の闘いは終わり、眠る人の闘いははじまる

美代子　そうですか。そんな説もありますが、真実を語る
人の間では、「そのうち、トランプ大統領は戻ってくる」
と囁かれていますね。そしてその頃、アンソニー・ファウ
チ（アメリカ大統領首席医療顧問）は、すでに逮捕されて
いるとのことですが……。

ジャネット　ええ。トランプはきっと戻ってきますよ
（笑）。

シンサ ファウチは、もう終わりです。次のシリーズで、そのあたりをご紹介する予定です。

美代子 実は、私や私の周囲の仲間たちの間では、この闘いはもう終わっているんですよね。けれども、眠れる人はワクチンを打ちはじめているので、その人たちの闘いはこれから、ということになってしまいますね。

シンサ それは、正しいです。目覚めた人にとって、この闘いはすでに終わっているのですが、眠れる人にとっては、これから闘いがはじまるのです。多くの助けを必要とするでしょう。私たちは、今回の件に関与している者たちが逮捕されて、処刑されることも知っています。しかし、眠れる人は、世界で何が起きているのか理解できていません。でも、トランプが戻るときには慎重になる必要があります。やはり、合法的に事を進めないと世間から独裁者とか革命家と誤解されてしまうからです。そういう意味では、闘いはまだ終わっていないのかもしれませんね。ただし、最悪の事態はすでに終わったと言えるでしょう。

政府高官が幼児虐待する 儀式を目撃して逮捕⁉

ジャネット　実は最近、オランダにいる私たちの友人が逮捕されたのです。私たちには、愛国者であり、真実を伝える活動家の友人が3人いて、彼らは独自のチャンネルを持ち、ズームなどで世界の真実を伝えていました。けれども、その3人がオランダで当局側のブラックリストに載ってしまいました。そのうちの1人のヴァウターという友人はオランダに残っていたのですが、ついに数日前に逮捕されました。彼は、刑務所行きになったのです。残りの2人のうち、プロのジャーナリストのミカは北アイルランドへ逃げ、ヨウスは私たちのようにスペインに逃げてきました。

　オランダ政府は、まだこの2人を探していて、逮捕しようとしています。その理由は、オランダの「国立公衆衛生環境研究所（RIVM）」の長官ジャプ・ヴァン・ディスルが、かつて子どもを虐待して儀式を行っていたのですが、幼かった被害者たちが大人になり、彼を発見したこと

から、「ジャプ・ヴァン・ディスルは残酷な幼児虐待をしていて、自分たちの目の前で女の子の首を叩き潰して殺した。その様子を自分は見せられた」と告発したのです。当時の他の子どもたちはすでに亡くなっていて、２人の子どもだけが生き残ったのですが、それがミカとヨウスなのです。これが理由で、彼らは２人を何としてでも見つけ出して逮捕しようとしているのです。

美代子 え〜〜っ⁉……。そんなことがあったなんて、本当に、言葉を失いますね。

ジャネット はい。ですから、まだ、闘いは終わっていないのです。

シンサ 普通なら、そんな犯罪を知ったなら警察へ行って相談し、警察はすぐに捜査を開始しますよね。私の友人も警察へ行き、殺された女の子のことを調べるようにとお願いしたのです。確か、亡くなった女の子はオーストラリアから移住した子だったようです。ところが警察は、その事件に対してまったく動かず、結果的に何もしませんでした。友人の証言も一切、記録されませんでした。明らか

に、警察は犯罪者の方を守っていて、目撃証言をした友人を犯罪者に仕立てているのです。

　ついにオランダは、政府が国民を監視し、権力で自由を取り締まる「警察国家」のようになってしまいました。何しろ、警察が子どもに対する性的暴行や殺人の証言を受け付けないのですから。そして逆に、残虐な殺人罪を犯した国立公衆衛生環境研究所の長官を殺人罪で訴えたいと言う友人の方を逮捕しようとしているのです。かつてのオランダは、当然ですが民主主義の国であり、平等に誰をも歓迎する自由で素晴らしい国でした。けれども、もはやオランダに自由はありません。私たちはこれらを目の当たりにしてショックを受けていますし、私たちだって逮捕予定者のリストに載っているんですよ。

逮捕を逃れ、オランダからスペインへ逃亡した2人

美代子　まあ、ひどい！　それで、お2人はスペインに逃

げてこられたのですね！

ジャネット　はい。昨年の12月初旬にオランダを出たの
で、タイミングよく逮捕されずに済みました。オランダか
らスペインの南までやってきて、今は、スペイン内を転々
としています。ここでは、監視されることもありません。
とにかく、今はクレージーな時代です。私たちは完全に自
由な国で育ったはずなのですが。今は平和的なデモでさえ
も、警察が人々を徹底的に叩いています。たとえば、オラ
ンダの道端で人々が「黄色の傘」をさして地面に座ったこ
とがありました。「黄色の傘」は、「愛と平和」の象徴なの
ですが、警察が来て、そこにいた人々を叩いて暴力を振る
うのです。怖ろしいですよね。私の国、オランダは一体、
どうしてこんなふうになってしまったのでしょうか！

シンサ　こういった事態があるから、人々が目覚めるのか
もしれないけれど……。

ジャネット　そうであればいいのだけれど。「本当に経験
してみなければ、実際にそのことはわからない」と言うけ
れど、そういうことなのかもしれません。でも、状況は

日々、悪化しています。

美代子 そうなのですね。でも、世界中でアライアンスは活動していると思うのです。そして、光側はすでに勝利している証拠もあり、悪人たちはすぐに逮捕できるはずなのですが……。

ジャネット はい。そういう動きも確かにあるのですが……。

シンサ でも、それも独裁者にならないような方法で行わないといけませんからね。とにかく、目覚めてない人は状況を理解できないので、彼らが受け入れる方法でないといけません。

美代子 だから、眠れる人々に気づくように、わざとそのようなことを見せているのですね。

シンサ そうだと思います。

ジャネット トランプがあの悪人のアメリカ国立アレル

ギー感染症研究所の所長、アンソニー・ファウチを非常に
高い地位の大統領のアドバイザーにしていたことも、最初
は意味がわかりませんでしたけれどね。

美代子　本当にそうですね。

 ## トランプが悪人を側近に置いていた理由とは？

ジャネット　2018年からCIAの長官を務めたジーナ・ハ
スペルなんて、その顕著な例です。トランプが彼女を任命
した際には、「えっ？　なんでジーナなの？　彼女はさん
ざんグアンタナモ刑務所で囚人を拷問していたことで有名
なのに。なんで彼女が長官に？」と思いました。そして、
その後、コロナがはじまると、今度はあのファウチをアド
バイザーにしましたよね。そういう意味では、トランプは
賢いです。と言うのも、彼らが思いのまま自由にやれるよ
うにその権限を与えるのですから。そして、これによっ
て、彼らは自ずと"本性"を出して過ちを犯すのです。た

とえば、ファウチが出したEメールが発見されたのです
が、そのメールには彼が武漢研究所にコロナウイルスを生
物兵器として開発するための資金を提供したことも明かさ
れています。

シンサ　そのメールはオープンになっているので誰もが確
認できますが、「コロナウイルスという生物兵器の成分は
○○であり、我々がどのようにそれを作ったか」などが書
いてあるのです。そういったことが今、すべて出てきてい
ます（笑）。

美代子　まさに、罪が暴露されていますね（笑）。

ジャネット　ファウチはトップの地位を得たがために、国
家反逆罪として没落していきます。アメリカでは、私が知
る限りは、国家反逆罪は死刑になりますからね。

美代子　私もその狙いはわかっていましたが、でも、トラ
ンプさんにとって危険はないのでしょうか。あんなに近く
にいたら、飲み物に毒を入れられたり、握手１つで暗殺さ
れたりしてしまうと思うのですが。

ジャネット　確かに危険ですが、トランプは彼らの信頼を勝ち得たことで、彼らはトランプを自分たちの味方だと思ってしまったんですよね。

美代子　確かに、不自然なくらい、トランプさんは彼らのことをよくほめていましたからね。でも、ファウチにしたって、ちゃんと調べればトランプさんは光側の人間だとわかるはずですけどね。

ジャネット　それがトランプのやり方です。本当に聡明ですね。

美代子　トランプさんは表向きのスピーチとは別に、しっかりと裏では暗号で真実を伝えていました。私はその暗号はしっかり解読していたのですが、カバールはリサーチが足りなかったのですね。

ジャネット　その通りです。彼は人の心をつかむのが上手で、悪人たちをベストフレンドのように扱ってきましたからね。彼は大統領になる前に、エリートたちのパーティー

に頻繁に出ていたのでそのあたりの情報収集もできていたのだと思います。それに、彼は一滴もお酒を飲まないし、麻薬が出るようなパーティーには一切参加しませんからね。だから、パーティーではしっかりと状況を観察して、誰が何を言ったかなどきちんと記憶していたのでしょうね。

美代子 見事ですね！

シンサ 一方で、メディアを掌握しているカバールは、一般の人々が自分たちのことを信じているという傲慢さがあります。メディアではトランプを馬鹿扱いして報道しているので、一般の人たちも同じようにトランプのことを馬鹿だと捉えると思っていたのでしょう。愚かですね。

美代子 そうですよね。今までどんな事件の裏に彼らがいたとしても、多少は疑われたとしても、本当の真実までは暴かれずに地位を維持できていたわけなので、傲慢にもなりますね。あと、トランプさんに任命されて、最年少で連邦最高裁判所の判事になったエイミー・コニー・バレットが彼を裏切りましたが、最近、彼女も逮捕されましたよね。

ジャネット　はい。逮捕されました。

 ## ハイチ地震で助けたはずの
孤児たちが消えた!?

シンサ　ちなみに、彼女は「クリントン財団（クリントン一家が主催する慈善団体）」のことを暴くかもしれませんね。彼女の子どもたちは、クリントン財団を通してハイチから養子にしているので。

美代子　でも、彼女の子どもたちが虐待を受けているように見えなかったので、クリントン財団を暴く理由にならないと思いますが……。

シンサ　そうですか。では、オバマ夫妻の子どもたちはどうですか。

美代子　彼らの娘2人は、オバマ夫妻の子どもではないで

すよね。だから、彼女たちも幸せとは言えないのではない
でしょうか。ミシェルも、もともとトランスジェンダーで
マイクという名の男性ですしね。

シンサ　そうですね。ただ、とにかくエイミーの逮捕か
ら、クリントン財団とハイチの子どもたちの人身売買のこ
とが明らかになるもしれません。

ジャネット　エイミーのことを闇側と知っていながら、ト
ランプがあえて彼女を高いポジションに任命して正体を暴
こうとした可能性は十分にあります。ただし、ハイチに関
しては、彼女を使わなくても、他に十分証拠もあるので
す。たとえば、2010年のハイチ地震があった際に、多く
の NGO がハイチに行きましたね。国際赤十字や教会系な
ど、多くの組織が子どもたちを助けようとしました。その
中には、クリントン財団もいましたね。とにかく、当時、
地震が起きたら、皆ハイチに直行して、面倒見るという名
目で孤児たちをかき集めたのです。そして、彼らはアメリ
カに孤児たちを連れてきたのですが、その後、養子縁組な
どの書類の手続きもないままに、その子たちは皆、忽然と
消えてしまったのです！　つまり、エリート用のアドレノ

クロムのため、そして、カバールの性的奴隷に彼らは使われてしまったのです。これまで、最も衝撃的で怖ろしかったのは、カバールが子どもたちに行っていることですね。あまりにも悪魔的で残酷の一言に尽きますね。

美代子　そして、それを暴こうとした人は次々と暗殺されていますね。ひどすぎます。でも、良いニュースとしては、ホワイトハウスのコロナ対策担当だった医師、デボラ・バークスが逮捕されましたね

ジャネット　はい、そのように聞いています。

美代子　ファウチも、もうすぐ逮捕されますね。でも、もうオリジナルのファウチは逮捕されていて、すでに、司法取引しているかもしれないですね。

 今もトランプは大統領

ジャネット　そうかもしれませんね。とにかく今後、カ

バールから大勢の逮捕者が出るはずです。そして、トランプはホワイトハウスに戻るでしょう。バイデンは大統領には選ばれていませんからね。彼の選挙集会には、ほとんど人が集まっていなかったのに、何百万票もの投票はいったい誰がしたの？という感じです。

シンサ　未だにトランプが大統領ですよ。ある軍人がパーティーに参加して、大統領から賞が贈られていたのですが、授与者の名前はトランプ大統領からでした！　これがつい先日の出来事ですよ（2021年6月現在）。信じられますか？

美代子　その動画は、私も見ました！

シンサ　これからスペインは、徐々にコロナの規制が緩やかになっていくでしょうが、秋からは、また、カバール側がロックダウンなどの規制を強化するでしょう。ということは、アライアンス側はそれまでにカバールの先手を打ち、いろいろと対策を練るのではないでしょうか。

ジャネット　冬が近づくと、風邪の季節になるので、強い

変異株が出てくるはずです。そして、ワクチン接種の2回目、3回目を勧めてくるでしょう。ワクチンを強制することは、これは「ニュルンベルク綱領*」に違反します。しかし、彼らはそんなことは気にしません。中国やインドなどでは、軍隊が各家庭を回って、鼻に入れる綿棒でPCR検査を強制しているところもありますから。そして、次のステップとしてワクチン接種を強要していくはずです。

美代子　それは本当ですか？

シンサ　はい、そうです。

ジャネット　友人いわく、地域によっては、関係者が各家庭を回り、ワクチンを強制しているそうです。彼らは今、必死ですね。彼らも今、追い詰められていますからね。いずれワクチン接種は義務化されるでしょう。だから、私たちも今は寝食を忘れて、人々に注意を促す動画を作成しています。動画は20か国語に翻訳されていて、世界中で何

---

*ニュルンベルク綱領

非倫理的な人体実験研究に対し、第2次世界大戦後のニュルンベルク裁判の一環で1947年に行われた「医者裁判」の結果として生まれた、人間を被験者とする研究に関する一連の倫理原則。

百万人もが見てくれています。

シェディングに効果があるのは松葉茶や「NAC」のサプリ

美代子　ところで、少し話は戻りますが、被害にあった先ほどのシェディングのお話について、シェディングを防止する方法は？　松葉茶のスパイクたんぱく抑止効果はすでに知られていますが、他には何がありますか？

ジャネット　はい。私も不正出血があった時は相当ショックでしたが、毎日、松葉茶を飲むことで出血は3日で完全に止まりました。

美代子　それはよかったですね。抗マラリア剤のヒドロキシクロロキンはどうですか？

ジャネット　コロナに感染した際に服用すると効果があり

ます。いわゆる、風邪のときにアスピリンを飲むような感じですね。あとは、当たり前ですが、きちんと休息を取ると回復するでしょう。コロナで亡くなる人は、病院で顔を下向きにして呼吸器につながれることで亡くなるケースがあります。何人かがこのやり方が原因で死亡したのを知っています。こんな間違った治療法は、改めるべきですね。

シンサ　①コロナに感染した人、もしくは、②ワクチンを接種した人、または、③ワクチン接種者からシェディングを受けた人すべてにおすすめのサプリがあります。それは「NAC*（アセチルシステイン）」というサプリメントで、体内のスパイクたんぱくの生成を止める効果が期待できます。今なら、市場で簡単に手に入りますよ。すでに、ご存じの人も多いかと思いますが、ワクチンは、接種後に体内でスパイクたんぱくを大量に作り出します。そして、シェディングさせた相手にも、血栓を引き起こす怖れがありますが、このサプリはそれを抑止する働きが期待できます。この研究結果が昨年夏に発表されると、「FDA（アメリカ

---

* NAC

アセチルシステインは、グルタチオンの前駆体。去痰薬として慢性閉塞性肺疾患など多量粘液分泌の治療や、パラセタモールの過剰摂取の解毒に使用されてきた。世界保健機関の必須医薬品の1つ。「Lシステインの安定型」ともいえる健康サプリとしても使用されている。

食品医薬品局)」は「NAC」を含む製品を禁止したのです。実は、これまでFDAは、これを13年間も承認していたのですが、やめたのです。そうなってしまうと、今後は処方箋がないと買えなくなりますので、購入できるうちに手に入れておくとよいでしょう。

美代子　なるほど。ワクチンやその感染で、若い人たちは不妊になる怖れもあるともいわれていますが、それにも、このサプリが役立ちそうですか?

シンサ　はい。研究報告によれば、不妊にも効果があるそうです。

美代子　それはよかったです!　貴重な情報を本当にありがとうございます。そうすると、接種者からシェディングを受けた人は、またその人から、さらに別の人にシェディングすることはあるのでしょうか?

ジャネット　はい。空気感染する怖れはあります。やはり、呼吸によってスパイクたんぱくは空気中に広がり、周囲にいる人にも感染していく可能性があるのです。歯医者

に行き、シェディングされた人もいます。

美代子 そうなのですね。接種者もどんどん増えていくので、気が抜けませんね。

将来は、ワクチン接種者が飛行機に乗れない時代が来る⁉

シンサ 今、ワクチン未接種者は飛行機に乗れないかもしれない、などともいわれていますが、今後は、逆の流れになる可能性があります。つまり、ワクチン接種者の方が飛行機に乗れなくなるという事態になるかもしれません。やはり、高度の高い場所では血栓が起きやすく、死んでしまう確率が高いからです。航空会社も飛行中に死人が出ても困りますからね。

ジャネット 今、医師であり弁護士のシモン・ゴールドが創設した組織、「アメリカズ・フロントライン・ドクター

ズ（全米医師最前線）」では、世界中の心ある医師、ウイルス学者やDNA学者などの専門家たちが集まって、ワクチンの危険性に声を上げてくれています。彼らの活動は素晴らしいですね。

美代子 はい。シモン・ゴールド医師のことは、とても尊敬しています。彼女は人々に真実を伝え、医師としても正しい処方をしたのに、病院の利権に合わないからと解雇されてしまいました。これが医学会の実態です。カバールのメンバーならともかく、保身のためにワクチンを勧めている関係者たちの責任も重大です。彼らは危険性について認識していないのでしょうか。

ジャネット スタッフレベルならともかく、CDC（アメリカ疾病予防管理センター）やWHOなどの主要ポストにいる人間はすべてカバールメンバーなので、危険性は十分に知っています。アジアの機関のリーダーもカバールですよ。

シンサ ところで、香港の暴動の状況をご覧になりましたか？ 人々が立ち上がって行うデモは平和的なものだった

のに、カバール側が出てきて人々に暴力を振るい、逮捕していましたよね。

美代子　ひどかったですよね。ある意味、今はとてもエキサイティングな激動期ではあるのですが、残念なことに、このようなムーブメントが起きると、多くの被害者が出てしまいます。これも第3次世界大戦の1つの姿ですね。

ジャネット　はい、これも戦争ですね。でも、多くの人はこの状況に気づいていないし、私の家族などは、私のことを気が狂っているとしか思っていないですからね。「戦争？　何を言っているの？　大丈夫？」と馬鹿にされています（笑）。母親に、「これは戦争といっても、情報戦なの。この戦争でたくさんの人が死んでいるのよ！」と教えても、わかってもらえませんね。

美代子　わかります（笑）。どこでも、同じような問題は起きていますよ。私も、いつも周囲の人たちに、同じように伝えていますが、理解してもらえません。でもこうして、世界中で同じ志と使命感を持つ人たちとつながれて、とても幸せです。

2人　本当に。私たちのネットワークを世界に広げていきたいですね！

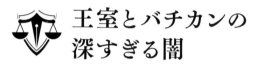

王室とバチカンの 深すぎる闇

美代子　次に、ヨーロッパの王室やバチカンの話を教えてください。

ジャネット　2015年にイギリスのバッキンガム宮殿から、1人の裸の青年がベッドシーツを使って窓から必死に逃げようとして、地面に落ちてしまう動画を、ある旅行者が偶然発見してSNSに投稿したことが話題になりましたが、憶えていらっしゃいますか？　私もその動画を見た時、「一体、これは何⁉」と思ったのですが、あの動画も、裸の青年が宮殿内で行われていた性的虐待から逃げ出したのだと思います。でも、主要メディアはあの動画はフェイクだと言うし、ロンドン警視庁に聞いても、そんな報告はない

と言うだけ。バッキンガム宮殿もコメントなしでしたね。

美代子　憶えています。私もその動画は見ました。でも、全然騒ぎにならないので、逆に、あれは真実だということですね。あの青年が今、無事だといいのですが……。

ジャネット　そういえば、ウィリアム王子のキャサリン妃も 2018 年にルイ王子を出産した際、あのホラー映画、『ローズマリーの赤ちゃん』で主人公のローズマリーが着ていたのと同じようなドレス＊を着ていましたね。映画の中では、ローズマリーがサタンの赤ちゃんを産んだという筋書きでしたが、あのドレスはどういう意味だったのでしょうね。

＊『ローズマリーの赤ちゃん』のドレス

2018 年にキャサリン妃がルイ王子を出産した際に、ホラー映画、『ローズマリーの赤ちゃん』で主人公のローズマリーが着ていたようなドレスを着用した件がネットなどで話題になった。

美代子　あれも、ネットでは、ちょっとした騒ぎになりましたね。ということは、ウィリアム王子も闇側なのですか？　カトリック教会の聖職者の児童に対する性的虐待のニュースがたびたび報じられますが、バチカンの法王が「男の子が大好き」という意味を示すイルミナティのシンボルの衣装＊をまとっているのです。あれは、本当にひどいですね。

ジャネット　はい、これまで過去2人のローマ法王は、児童を性的虐待してきました。また、被害者の証言によれば、前法王ベネディクト16世とオランダ王室のベルナルト殿下は「ハンティング・パーティー」を好んでいまし

＊ 「男の子が大好き」という意味のシンボルの衣装

バチカン関係者たちが着ている衣装の矢印の部分（三角形をアレンジしたシンボル）は、「男の子が好き」というイルミナティのシンボルであるといわれている。＜画像は『Fall of the Cabal』より＞

た。これは、子どもを獲物のように狩る「子ども狩り*」という遊びをするのです。場所は、王室が所有しているヨーロッパの森で行われていました。他にも小児性愛者や悪魔崇拝のカルトのエリートたちが参加していたといいます。森の中を必死で逃げる子どもを捕まえて暴行殺害し、その生殖器を切り取ってトロフィーにしていたのです。

美代子　まったく、気が狂っていますね！

ジャネット　はい。でも 2013 年に、前法王ベネディクト16世は、「人類に対する罪（人身売買と児童を性的虐待した聖職者保護の罪）」に問われて、「ITCCS International Tribunal for Crime of Church and the State（教会と国の罪に対する国際裁判所）」において起訴されました。

＊子ども狩り

王族や前法王ベネディクト16世をはじめとする超エリートたちは、自分たちの所有する森で子どもたちを森に解き放ち、必死で逃げ惑う子どもたちを狩って遊ぶ「ハンティング・パーティー」を行っていた。＜画像は『Fall of the Cabal』より＞

美代子　彼は人相も悪かったですし、悪魔そのものですね。きっと今では逮捕されて、処刑されているのではないでしょうか。

ジャネット　面白いことに、彼が起訴された直後に、サン・ピエトロ大聖堂に雷*が2回も落ちたのです。さらに、イギリスのエリザベス女王、エディンバラ公フィリップ王、カナダのスティーブン・ハーパー前首相を含む計27人の高位の人物たちが、同様に「人類に対する罪」で起訴されました。

美代子　雷は神様からの罰ですね！

ジャネット　そうでしょうね。その後、ITCCSは、カナダにおいて5万人*の子どもたちが暴行、拷問、虐殺され

＊サン・ピエトロ大聖堂に雷

2013年2月、ローマ法王ベネディクト16世（85）が健康上の理由により退位を表明した十数時間後、バチカンにあるカトリック教会の総本山「サン・ピエトロ大聖堂」に雷が落ちた。法王が存命中に退任するのは極めて異例なことだった。＜画像は『Fall of the Cabal』より＞

た事件をさらに調査しました。すると、これにもイギリス王室、オランダ王室、カナダ合同教会、イングランド国教会が関与していたのです。これは、カナダの新聞、『カナダ・ガゼット』のジャーナリストのケビン・アネット氏がリサーチして明らかになったことです。

美代子 ヨーロッパでも、子どもたちの大量の遺骨が発見される話は常に出てきていますね。このようなニュースは、もっと大ニュースにして大騒ぎするべきです。ホロコースト＊と同じですね。

ジャネット ピラミッドの上位には、ロスチャイルド、ロックフェラー、王室関係者がいて、さらにその上にイエズス会があり、3人の法王がいるのです。その3人とは、黒い法王、グレイな法王、白い法王です。法王の履いてい

＊カナダで5万人の子ども たちが死んだ事件

カナダにおいて、5万人の子どもたちが暴行、拷問、虐殺された事件を『カナダ・ガゼット』のジャーナリストのケビン・アネット氏がリサーチして告発した。＜画像は『Fall of the Cabal』より＞

る "赤い靴 *" も、どんな素材で出来ているのか見てください。

美代子　赤い靴の件は、本当に気持ち悪いです。日本でも昔からの童謡で、「赤い靴」の唄がありますけれどね。ちなみに、日本にいた「黒い法王」のアドルフォ・ニコラス神父（第30代イエズス会総長）は、昨年5月に亡くなりましたが、それ以降、日本もかなり解放が進んでいると聞きました。その後、バチカンでは60人以上の聖職者がコロナで亡くなったとのことですが、これは処分されたのではないかともいわれていますね。

＊ホロコースト

1933年から45年までの間、ナチス・ドイツにより行われたユダヤ人の大虐殺のこと。600万人が殺されたといわれる。＜画像は『Fall of the Cabal』より＞

ナチスを支援していた ヨーロッパ王室

美代子 もう1つ質問ですが、ヨーロッパの王室の人々は、ナチスを支援していたのですよね？

ジャネット はい。王室の人々だけでなく、シェル石油、IBM、KLMオランダ航空など多くのグローバル企業も、ナチスを陰で支援してきました。こういった大手企業のCEOたちは刑務所に入ることもなく、まるで何もなかっ

＊赤い靴

法王が赤い靴を履くのは、もともとは赤い血潮の色で表される殉教者への敬意を示しているとされている。けれども、その裏では、赤い靴は小児性愛や悪魔崇拝の意味もあるとされている。赤い靴の素材も子どもの皮膚から作られている、というおぞましい噂もある。＜画像は『Fall of the Cabal』より＞

たかのように会社もそのまま存続しているわけですから
ね。

シンサ　ちなみに、オランダとイギリスの王室のプリンス
たちは、全員ナチスでしたよ。

ジャネット　私たちは、エリザベス女王が10歳の時にヒ
トラーへ敬礼をしている写真を持っています。オランダの
王室も同じです。バルコニーで王室の人々が民衆に手を
振っている時、オランダのプリンセスは12歳くらいでし
たが、彼女はヒトラーに敬礼をしていましたからね。まあ
彼らは、民衆に手を振って、愛想を振りまきながらも、内
心では私たちのことを、「食べるだけの役立たず（ナチス
が使っていた表現）」と思っているのでしょうけれどもね。

美代子　そうかもしれませんね。彼らは基本的に、イルミ
ナティの血脈としてすべてつながっていますよね？　そし
て、実はあのビル・ゲイツはロックフェラー家の出身です
よね？

ジャネット　はい。彼らの家系について徹底的に研究した

専門家がいるのですが、その人によると、イルミナティは全員が同じ血筋の出身でした。ああいった悪魔的な家系に生まれたら、役者か音楽家、または、政治家しか選択はないようです。あるいは、カトリックの最高顧問である枢機卿になるか、偽りの博愛主義者になるか、という道しかないのです。

マザー・テレサは
人身売買をしていた
カバールメンバー!?

美代子 あと、マザー・テレサも偽善者ですよね。彼女が子どもの人身売買をしていたことを皆が知ったら衝撃を受けるのではないでしょうか。それに、あのファウチとは親子の関係にあり、実は彼女は男だったという噂もありますが……。

ジャネット はい、彼女はインドからバチカンに子どもを送り込む人身売買者でした。それなのに、世の中は彼女を

聖者のように扱ってきましたからね。どんな時代においても、バチカンによって聖者扱いされた人は、基本的に全員カバールメンバーです。同様に、女王やアメリカ政府から勲章をもらう人、オバマから栄誉のメダルをもらった人も全員カバールです。私はそのリストを持っています。

美代子　勲章といえば、日本の天皇家もイギリス王室から勲章をいただいているのですが……。

ジャネット　皆が秘密結社で、お互いにつながっていますからね。ショックを受けるかもしれませんが、勲章をもらっているかどうかで、カバールかどうかを見分けられます。

美代子　眠る人たちがこれらの真実に気がついたときに、どうなるでしょうか。

ジャネット　相当ショックでしょう。だから、美代子さんの本や、私たちのドキュメンタリーが重要になってくるんですよ。

シンサ　今まで信じてきたことがすべて嘘だったとわかったときに、正気でいられるか、ということですね。

ジャネット　頭で理解しようとしても、難しいかもしれません。Qがかつてこう言いました。「人々がすべての真実を知ったとき、精神病院に行かなくてはならなくなる」と。

美代子　Qがそんなことを投稿したのですか？

シンサ　ただし、毎日、会社に通勤して帰宅し、テレビを見て寝るだけの人はまったくこのような情報に触れることはないでしょう。

美代子　でも、もう世界中の人が真実を知る時が来ますよね!?

シンサ　はい、きっと来るでしょう。

ジャネット　今のところ、まだ人々の覚醒ははじまったばかりです。だからこそ、大切になってくるのは「ほら、私

の言った通りでしょう？」という立場をとるのではなく、そんな人たちを優しくサポートをしてあげることです。普通なら、人々はメルトダウンを起こし発狂するでしょうから。だから、そんな彼らを支えてあげないといけないのです。

皆と一緒に新しい世界へ移行することをサポート

美代子 その通りですね。そして、目覚めた人には、未来の医療機器であるメドベッドやフリーエネルギーなどを使える新しいテクノロジーの時代が見えています。皆でその世界へ行けるようにしないといけませんね。

ジャネット はい、しばらく混乱の時代がありますが、その後は新世界に行けるでしょう。そこにあるのは、愛だけの世界です。見返りを求めて人に親切にするのではなく、人に何かをしてあげると、自分も幸せな気持ちになる、そんな愛の世界です。また、豊かさもやってくるでしょう。

実際にこれまでも、本来なら"不足"なんていうものもなかったのです。今後は世界中の人々へ十分な食料も供給できるでしょう。これまでは、単にカバールが平等に分配しない流通の仕組みを作っていただけです。グローバル企業は、彼らの廃棄物を私たちに提供しています。たとえば、水道水に入っているフッ素、そしてケミカル製品なども石油からの残留物であり汚染物質から出来ています。また、コスメやデオドラント製品などにも発癌性の成分が入っていたりもします。

けれども、未来において、これらのすべてのシステムが崩壊するでしょう。金融システムも新しくなり、金利はなくなります。それに、これまで支払ってきた税金は、どこに消えたのでしょうか？　たとえ、税金の1％が公共投資などに使われていたとしても、その多くは武器密輸や人身売買に活用されてきたのです。これからは、学校の在り方も変えていく必要があるし、歴史の教科書も書き換えないといけませんね。医療においても、自然界には、いくらでも治療に使えるハーブもあります。美代子さんの仕事は、これからとても大事になりますよ！

美代子 本当にそうですね。子どもたちは勉強ばかりしないで、もっと外に出て、自然から学ぶべきですね。

ジャネット そうそう、1つ素晴らしいニュースがあります。オランダでは新しいシステムがすでに準備されています。中央銀行につながっていない、金利のつかない"ハッピーバンク"ができるのです。これからは、中央銀行や連邦準備制度は崩壊しますね。

シンサ そうですね。でも、その前に私たちが立ち上がらなければなりませんね。皆で立ち上がれば、カバールは倒れて、同時に、彼らのシステムも一緒に崩壊するのですから。

ジャネット はい。かつては、ケネディ大統領のように1人で彼らに立ち向かおうとすると、暗殺されてしまいました。だから、慎重に行動しないといけませんね。今、新しい時代の到来を待ちきれない人たちが、「Qやトランプなんて嘘じゃない！」などと言ったりしていますが、これには作戦があって、慎重に時間をかけて進めているのです。そして、安心してください。作戦は順調に進んでいます。

美代子　本当に壮大な計画ですね！　彼らには感謝しかありません。今日は、貴重なインタビューをありがとうございました。お2人の今後のますますのご活躍をお祈りします。

2人　今日は、対談の機会をいただき、ありがとうございました。楽しかったです。美代子さん、今後もお互いに連絡を取り合いましょうね！

美代子　はい、ぜひそうしましょう！

☕ 闇を暴く貴重な資料、『Fall of the Cabal（カバールの陥落）』で描かれる現実

　今回の対談で、はじめて女性にご登場いただきました！

　オランダ人のジャーナリスト、ジャネットさんとシンサさんです。

　彼女たちの名前をはじめて聞いた方もいるかもしれませんが、2人は、話題のドキュメンタリーフィルム、『Fall of the Cabal（カバールの陥落）』の制作者です。

　ドキュメンタリーの方も、女性ならではの細やかな視

点と人の心に訴えるアプローチで制作されていて、彼女たち自身も男性にも負けない勇敢さと行動力を持ち合わせた心強いお2人です。

　私も対話を通して、女性として同じ使命を共有する"同志"のような絆を感じていました。

　また、どうしても深刻で重い内容のテーマがメインになってしまう中、彼女たちとの対話は、少し"女子会"的な部分もあり、とても楽しい時間を過ごすことができました。

　さて、お2人が制作中の闇の支配者を追求するドキュメンタリーのシリーズは、公開してもすぐに削除されてきたので、日本ではまだあまり知られていないかもしれません。

　しかし、彼女たちの作品は、西欧の真実追求者たちの間では、とても高い評価を受けています。

　特に彼女たちは、被害に遭った当事者たちから直接、生の証言や情報を得ながら制作しているので、その内容に真実味もあり、ドキュメント性も高いことから、カバー

ルたちを語る上で、とても貴重な資料となっているので
す。
　たとえば、ジャネットさんは性的奴隷になっていた被
害者や、イルミナティのメンバーだった人の証言を何十
時間もかけて検証しています。

　動画内で取り上げられている、オランダの銀行家のロ
ナルド・ベルナール（Ronald Bernard）の勇気ある証言
などは、私も前からセミナーでご紹介していましたが、
真実を語っていることがよくわかります。
　その内容を簡単にご紹介しておきましょう。

　ある日、ロナルドはイルミナティメンバーに誘われて、
彼らだけのシークレットなパーティーに参加する機会が
ありました。
　パーティーの会場では、彼は豪華なシャンパンを飲
み、ブロンドの裸の美女たちに囲まれて楽しく過ごしま
した。
　と、ここまでなら、よくある話なのです。
　ところが、彼は改めて、次のパーティーに誘われるこ
とになります。

　そこで、ロナルドは再び彼らの会に参加することに
なったのですが、そこでは前回とまったく様子は変わっ
ていたのです。

　あろうことか、なんとその日、彼は子どもの生贄の現
場を目撃することになったのです。

　さらには、その様子を目撃するだけでなく、誘われた
人物から、「自分もその儀式に参加するように！」と言
われてしまうのです。

　しかし、すでにその現場を目撃したことでパニック状
態に陥ってしまったロナルドは、そこから逃げ出し、イ
ルミナティの仲間からも命からがら抜け出すことになり
ました。

　そんな多くの実体験にもとづくドキュメンタリーは、
誰が見たとしても、「これは嘘だ」とは決して言えない
ほど説得力があるのです。

今は "同じ志" の人と共に
過ごすことが大切

　それにしても、現在は2人とも故郷のオランダを離れ
て、スペインで活動している状況です。

　警察国家になってしまったオランダから逃れなければ
ならない生活を余儀なくされているのは、さぞかし不便
だし、不安ではないでしょうか。

　けれどもジャネットは、以前から暗殺の脅しなどを何
度も受けてきたらしく、「嫌がらせには、もう慣れっこ
よ!」などと語っていました。とはいえ、嫌がらせなど
をされて、気分がいいわけがありません。

　また、対話中にも述べていましたが、彼女たちも世の
中に対する見方がすっかり変わってしまったことが原因
で、家族や友人から理解を得られず、かつて親しかった
人たちとも疎遠になることも多いとか。

　けれども、彼女たちは、今は自分たちのミッションを
最優先したいとのこと。

　人々に目覚めてもらうための人類救済の活動を第一に

したい、と語る彼女たちの努力と熱意には頭が下がるばかりです。

　実は、私も自身の活動について、「危ないから、やめた方がいいですよ！」と身内や知人たちからアドバイスを受けることが多々あります。

　でも、私も2人と同じように、今は1人でも多くの人に目覚めてもらいたい！

　そんな気持ちが強いので、この活動を止めるつもりはありません。

　今の時期は、家族や友人たちと意見が合わなくても、仕方がないのかもしれません。

　なぜなら、一人ひとりの魂レベルや今生における人生の使命が異なるのは当然のことだからです。

　すべての人と同じ価値観や意見を持つことの方が、逆に難しいと言えるでしょう。

　読者の中にも、ジャネットさんやシンサさん、そして私と同じような状況の中にいる人も多いかもしれません。

75

そんな人たちへ。あなたは1人ではありません。

同じ志で皆つながっていますし、いつか遠くない将来、再び家族や友人たちとも一緒に過ごせる日が来るはずです。

だから、この時期は同じ使命の人たちとつながり、交流をしておくのがベストかもしれません。

それに、すでに今は光の側に強い追い風が吹いています！

多くの魂たちが国境を超えてつながり、真の人類愛に目覚めるというムーブメントが起きているのです。

☕ 一人ひとりが疑問を持つことから はじまる

対話中にもワクチン接種者から影響を受けてしまう「シェディング」の話がありましたが、ワクチンの危険性は、日本よりも先に接種が進んでいた欧米において、もっと大きな問題になっています。

日本においても、ワクチンの副反応の被害を受ける人

が増えている中、ワクチンを推進する関係者の中には、ワクチンが危険だと薄々気がつきながらも、ただ、上からの命令や国からお金をいただけるという理由で、ワクチン接種を勧める人も多いようです。

このような状況こそ、まさにナチスの時代の再現ではないでしょうか？

ナチスの時代も、ホロコーストを行う側は、上からの命令に従っていただけの人が多かったそうですが、今はそれと同じ状況で、本当に残念です。

また、日本でも政府の愚策により、コロナ禍の影響で飲食業界やホテルや旅館が破綻の危機にあります。

地域によっては、緊急事態宣言が長期間出されていたことで、ビジネスの経営が思うようにいかなくなっているケースが多く、経営者の皆さんのストレスはすでに限界を超えているのではないでしょうか。

また、経営者でなくても、コロナ禍により仕事を解雇された人や、解雇までされなくてもお給料が大幅に減った人もいるようです。

他にも、シングルマザーで子どもの学校が休みになり、家にいることで働きに出られなくなった人、愛する家族や大切な人との面会が許されない病院・介護施設の人など、多くの人がコロナ禍で影響を受けています。

　人は不安や孤独感からも病気になるし、自殺者もまた増えたと聞いています。この流れが先の見えないまま、長期間続いているのはいかがなものでしょうか。

　今回、提供されているワクチンは、厚生労働省のパンフレットに記載があるように、現時点で十分な臨床データが揃っておらず、ワクチン開発メーカーでの治験も完了していません。

　製薬会社は、ワクチンを受けた人が被害に遭ってもその責任は負いません。接種を受ける人は、彼らにとって実験のモルモットのようなものです。

　すでに多くの人が気づいていますが、これらは、闇側がアジェンダを進めるために計画したパンデミックであることは明確です。

　2012年のロンドンオリンピックの閉会式で、コロナウイルスのことが予告＊されていた動画や画像を見た人

78

も多いかと思います。

　闇のアジェンダのことをまったく知らない人、また、そんなことを信じようともしない人、そして、ワクチンに対して何の疑問も持たずに接種する人なども含めて、すべての人が「今の世の中は、ちょっとおかしい！」とはどこかで感じているはずです。

　そして、そんな疑問を持ったなら、ぜひご自身で調べてその答えを探してみてほしいと思っています。

　そうすることから、目覚めの一歩がはじまるからです。

　最後に、ジャネットさんとシンサさんが母国オランダに一日も早く安心して帰れる日が来ることを祈っていま

＊コロナウイルスの予告

2012年に行われたロンドンオリンピックの閉会式で、パンデミックやコロナウイルスの形をイメージした演出が行われていた。

す。

　また、彼女の友人で拘束された仲間も、1日も早く解放されてほしいですね。

　愛と正義感あるお2人は、これからますます世界中の人々に大きな気づきと勇気を与えてくれるでしょう。

　いつか、自由に行き来できる日が来たら、日本にも来ていただければと思っています。

母国オランダを去り、スペインに滞在しながらドキュメンタリー制作を続けるジャーナリストのジャネット（左）とシンサ（右）。彼女たちのドキュメンタリーフィルムは、https://www.valcabal.nl で閲覧可能。

PART

II

ジェームズ・ギリランド

James Gilliland

UFO&エイリアンの
世界の第一人者が
宇宙視点のスケールで
光と闇を説く

UFOのメッカ、世界有数のスピリチュアルスポットにある「ECETI」

美代子 こんにちは！ 私のことを覚えていらっしゃいますか？ 実は私、15年ほど前にアメリカのワシントン州、アダムズ山にあるジェームズさんの「ECETI（Enlightened Contact with Extraterrestrial Intelligence）」を訪問したことがあるんですよ！

ジェームズ こんにちは。ジェームズ・ギリランドです。はい、もちろん、美代子さんのことは、よく覚えていますよ。

美代子 ジェームズさんは、世界でもUFOや地球外生命体の研究においては、ナンバーワンと呼べるほどの知識を持ったお方であり、また、この世界における先駆者でもいらっしゃるので、今日は、ぜひそのあたりについてのお話を詳しくお聞きできればと思っています。よろしくお願いいたします！

ジェームズ　はい、もちろん、大丈夫ですよ。こちらこそ、よろしくお願いいたします。

美代子　それでは、まず簡単に、ECETIについて、そして、ご自身の自己紹介をしていただけますか？

ジェームズ　まず、私が運営するワシントン州のアダムズ山にある施設、ECETIとは、「毎晩UFOが見える別荘」とも呼ばれているほどのUFOが出没するメッカであり、また、私たち人類が精神的にもテクノロジー的にも進化した知的生命体とコンタクトをするための場所です。ここには、世界中から多くのUFOや地球外生命体、そして、スピリチュアリティに興味のある人々が集まってきます。でも、地球外生命体とコンタクトが取りたいならば、まずは、ご自身の波動を上げなければなりません。そのためにも、私は35年間にわたって、ここECETIにおいて、「セルフ・マスタリー（自分自身の克服）」のためのメソッドを教えてきました。

美代子　ECETIのあるエリアは、もともとはネイティブ・

アメリカンの聖地であり、世界でも有数のパワースポットとして知られていますよね。ちなみに、ジェームズさんご自身は、いつからコンタクトがはじまったのですか？

ジェームズ　私は、小さい頃からすでにコンタクティでしたね。

美代子　そうなんですね！　最初の宇宙人とのコンタクトは何歳の時ですか？

ジェームズ　5歳です。

 # 子どもの頃に 命を救ってくれたのは、 マリア様

美代子　5歳ですか⁉　まだまだ幼い頃ですね。それは、どんな体験だったのですか？

ジェームズ　はい。では、宇宙人との遭遇の前に、まず、私が体験した不思議な出来事からお話ししましょう。実は、私は5歳の時に重い肺炎を患い、死にかけて臨死体験をしたことがあります。そして、その際に、多くの高次元の存在たちに出会ったのです。そのうちの1人がマリア様でした。我が家は、特にカソリックの信者ではなかったのですが、どうやら、マリア様はすべての子どもたちを見守っているようですね。その時、病院で寝ている私の元に、マリア様がやってきて、癒してくださったのです。

　危篤だった私は、お医者さんが私の親に向かって、「残念ですが、ジェームズさんはもう助からないと思います」と言っているのさえ聞こえていたのです。けれども、その後、ある見知らぬ女性が私の側に何度もやってきて、私の頭をやさしくなでて微笑むのがわかりました。そして、私に"あるもの"を渡して、「これを口に入れなさい！」と言ってきたのです。そこで、それを口に入れると、信じられないことに、そこから一気に回復したのです。後になって、その女性がマリア様であることがわかりました。今にして思えば、その時、口に入れたものは、「結晶化された酸素」だったのです。

美代子　まあ！　５歳でマリア様に命を助けていただけた
なんて幸せですね。

ジェームズ　はい。でも、同じ頃に、同時に怖い宇宙人に
も会っているんですよ。その後、６歳の頃にはグレイとの
遭遇がありました。その時は、ある日突然、数人のグレイ
が私の自宅の部屋に入ってきたのです。私に何か"悪さ"
をしようとしているのがわかったのですが、幸運なことに
プレアデス人がやって来て、それを阻止して助けてくれま
した。なぜか小さな頃から、私にはそのようなことが頻繁
に起きていたんですね。要するに、どこかの悪い種族が自
分を連れ去ろうとしたら、善良な種族が突然現れて守って
くれる、というような出来事です。

　そして、プレアデス人との出会いがあって以降は、彼ら
からたびたびコンタクトを受けるようになりました。たと
えば、彼らは世界で起きている出来事の本当の意味につい
て、また、なぜ人間は心で思うことと違う行動や言及をす
るのかなどについても教えてくれました。そんなふうにし
て、まだ幼い子どもの私に、さまざまな知識を授けてくれ

たのです。コンタクトを通して彼らから啓蒙を受けた知識
は、できるだけ多くの人々に広め、伝えるようにしていま
す。でも、やっかいなことに、私たちが光に近づけば近づ
くほどに、悪意のある存在が邪魔をしに来たりするものな
んです。インドでは、「涅槃に近づくほど、悪魔は醜い姿
を現す」という言葉もあります。それと同じで、あなたが
意識を拡大して目覚めれば目覚めるほどに、多次元からは
ネガティブな存在がやってきます。目覚めのプロセスにお
いては、そのような体験も待っているということです。

美代子　完全に目覚めるためには、そのようなネガティブ
な体験も必要なのかもしれませんね。でも、プレアデス人
とはコンタクトを取りたいですけど、やはり、怖い存在に
会うのはイヤですね（笑）。

 # 宇宙の源（ソース）は、選択の自由を与えてくれる

ジェームズ　そうですね（笑）。とにかく、プレアデス人

は、とても美しい姿をしていますよ。実は、私は25歳の時にも、再び臨死体験をしています。その時は、海でボディ・サーフィンをしていたのですが、突然、高波にさらわれて死にかけてしまいました。そして、よくいわれている"光のトンネル"を通過すると、次々と私の身内、前世のヨギやラマ僧などが私の前に現れました。しばらくすると、光り輝く世界にたどり着きました。その時の自分は、意識とエネルギーだけの存在になっていて、その感覚を味わいながら、大いなる光に包まれているのです。それは、言葉では決して表現できない、想像をはるかに超えた最高の愛と喜び、至福の感覚でした。

そこで、「どうしたら、このままでいられますか?」と質問したのです。すると、返事が聞こえてきました。それは、いわゆる"神様"とか"ソース"などと表現できる存在ですが、その大いなる意識が私に、「それは、あなたの自由ですよ」と答えてきたのです。思わず、私は感謝の気持ちでいっぱいになり、「どうしたら、あなたにお返しができますか?」と尋ねると、「あなたの喜びを追求しなさい!」と言われたのです。その時、創造主とは、無条件の愛と喜び、幸せを与えてくれる存在であることに気づいた

のです。神は、決して人を裁くこともなく、エゴさえもありません。

　私は、しばらくの間、その場所に留まって考えていましたが、結局、こちらの世界に戻ることにしました。なぜなら、自分が体験した"創造主の本質"である、「神は人を裁くのではなく、愛そのものの存在である」ということを皆さんに伝えたいと思ったのです。宗教の世界では、常に分断が起きていますが、本来神様とは、そのような存在ではないのです。その後は、「あなたの気が向くままに……」と聞こえてきたと思ったら、気がつくと、意識がこちらに戻ってきて、多くの人が私を海から救出してくれている様子に気づきました。その時の体験を大切にしたくて、私のラジオ番組＊は、「あなたの気が向くままに話す」というタイトルにしているのですよ。

美代子　そんな貴重な体験を2回もされているんですね。よく、「魂がワクワク喜ぶことをしなさい」と言いますが、

＊ラジオ番組

ジェームズ・ギリランドの「As You Wish Talk Radio」は、YouTube でも公開されている。YouTube で「ECETI Stargate Official YouTube Channel」と検索。

本当にそうなのですね。それに私たちは、もともと自由に選択ができる存在なんですね。

多次元に存在する 神々たちとの出会い

ジェームズ はい、そうです。そして、そんな体験をした後は、その時の意識とつながりながら、高次元とも行き来ができるようになりました。たとえば、7次元にいる神的な存在とも会うことができました。彼らは、至福の次元にいる美しく清らかな存在たちです。その意識は、すべての銀河系を包み込むほどの大きさといったらいいでしょうか……。また、イエス・キリストも現れ、愛についても教えてくれました。お互いを愛し、思いやりの心を持ち、地球も大事にするようにと。これこそが、宇宙の基本的な法則です。さらには、イエスからは、東洋の思想を学んでほしいと言われました。そして、ババジという高次元の存在を紹介され、そこからはババジが頻繁に私の元へ現れるようになりました。その頃、現実の世界でも東洋のヨギにもお

会いして、イニシエーションなども体験することになり、
ヨギからは6年間にわたって、いろいろなことを教えてい
ただきました。

　その次は、ホワイトイーグルを紹介され、多くの長老か
らもさまざまなセレモニーを学びました。彼らからは、世
界各地に根付いている伝統文化や信念体系、宗教などを学
びました。そして、それらの学びを通してわかったこと
は、「すべての学びの基本は同じであり、ただ、解釈が違
うだけ」ということでした。その後、古代の地球の歴史や
神様と呼ばれている存在についても学びました。たとえ
ば、「デミゴッド（半神半人）」は神と人との間に生まれた
存在であり、ギリシア、エジプトなどに、そのようなデミ
ゴッド的な存在がいることがわかりました。

　とにかく、さまざまな種類の神様がこの世界にはいると
いうことです。たとえば、とてもパワフルな神、精神的に
進化している神、テクノロジー的に進化している神、慈悲
があふれる神、人類に奉仕する神などさまざまです。一方
で、怒っている神、人から奉仕を求める神、殺人をするよ
うな神など、まったく神とは思えないような神様もいるの

です。中には、人類に対して全面的に愛とゆるしを与えて
くれる神がいるかと思えば、人類を地球上から抹消したい
と思っている神だっているのです。さまざまな神様たちが
どのように人を扱うか、などについては宗教によっても
違ってきますね。

美代子 神様の種類も千差万別、いろいろな神が存在して
いるということですね。それにしても、これまであらゆる
学びをされてきていらっしゃいますね。そんな学びの１つ
として、UFOにも乗られたことがあるそうですね。

ジェームズ はい。ある夜、お風呂に入っていた時、ふ
と、「これまで、UFOを何回となく見てきたけれど、自分
とUFOの関係をもっと知りたい！」と強く念じてみたの
です。すると突然、金色のエネルギー球体が自分にぶつ
かってきて、気がつくと私は宇宙船の中にいました。そし
て、美しい存在と話をすることになったのです。その時、
自分がかつて「オリオン光の評議会」に参加して宇宙戦争
にも参加していたことを思い出したのです。そこで、「こ
の状況が夢でないことを物理的に証明してほしい」とお願
いしてみました。

すると、「必要な証拠は、すべて差し上げましたよ」という答えが戻ってきて、次の瞬間にはバスタブの中に戻っていたのです。浴槽から出ると、身体にエネルギーが当たった印として、胸には大きな火傷の跡がついていました。けれども、痛みはまったくありません。彼らはライラとオリオンの光の評議会の一員で、黄金のプラズマ船に乗っていました。その時のUFOは、今でもECETIの上空にときどきやってきます。

美代子 すごい体験ですね！　ジェームズさんは、現実の中でも多次元的な生活をしていらっしゃるのですね！

ジェームズ そうかもしれませんね。

 # 古代人はレプティリアンと条約を結んでいた

美代子 ところで、今、起きている闇と光の闘いについ

て、ジェームズさんのお考えをお聞かせいただけますか？

ジェームズ　そうですね。でもまず、そのためには地球の歴史からお話ししなければならないでしょう。地球は銀河系の端にあり、宇宙には「他の種族には介入しない」というルールがあるので、本来なら地球も独自に進化してきたはずなのですが、残念ながら闇側の宇宙人が大きく介入していたのです。オリオンや他のシステムでは、レプティリアン*やグレイと他の種族が戦争をしていました。そこで負けたレプティリアンやグレイが地球に来て、それ以来、地球はドラコ・レプティリアンの支配下にあります。

　それは、「天国から落ちてきた」アヌンナキのマルドゥク（古代バビロニア神話に登場する神。宇宙を創造し支配

＊レプティリアン

爬虫類系の地球外生命体で地球の闇の世界と大きく関わっている。＜画像は、YouTube「LOST TAPES Lizard Man Animal planet」チャンネルより＞

したといわれている）がレプティリアンと条約を結んだからです。実は、地球上には、彼らの支配下にないスピリチュアルな聖域もまだ残っていたのです。しかし、残念ながら、レプティリアンが地球をほとんど制覇してしまい、それ以外のグループは姿を消していきました。その時代から、地球では多くの人々が殺されるなど、抑圧を受けてきたのです。

　今では私は、これを"善と悪の闘い"ではなく、"神様と悪魔の闘い"と見ています。このような表現をすると、二極化的な考え方のように思われるかもしれませんが、この３次元、４次元の世界には、そのような概念が存在しているのも事実です。そして、実際にその闘いは起きているのです。悟りへ至るには、すべての知識を得る必要があり、そのためにもコインの表と裏を知らないといけないということです。やはり、そういう存在が何者で何をしようとしているのかを理解していないと大変な目に遭うからです。つまり、彼らのアジェンダを知っておく必要があるということですね。

美代子　なるほど。レプティリアン系が長年地球を支配し

てきたのですよね。ヒトラーの時代には、彼らがレプティリアンと提携もしていましたしね。

ジェームズ　ええ。とにかく、地球はレプティリアンの厳しい支配下にありました。おっしゃるように、歴史上では、ヒトラーのような専制君主もいましたしね。また、人民の側にも、住宅や食料など基本的な保証がある社会主義や共産主義を選ぶ人たちがいましたからね。そのような主義の場合は、少数のトップの指導者がすべての組織や国を支配できるわけですが、そのようなやり方だって、決して上手くいっていたわけではありません。なぜなら、そんな指導者たちは、必ず不正をしてきましたから。自分の権利や権限を他の人に委ねると、委ねられた指導者は、その権力を利用するのです。そんなやり方ではダメですよね。

　このようにして、地球では5,000年もの長い間、圧政を受けてきたわけですが、そんな時代も今、終わろうとしています。今では、一般の人々が立ち上がって自分の自由や尊厳を主張するようになってきましたから。現在では、世界中の人が「人間は自由で、愛と喜びにあふれる平和な世界に生きる権利がある」、そして、「これは、神様から与

えられた権利である」と主張をしはじめました。つまり、「政府はもう人々を縛ることはできない」ということです。アメリカの独立宣言でも基本的人権や国民の主権が盛り込まれていますよね。

美代子 そうですね。確かに今では、ドイツ、アメリカ、イギリス、フランス各地で人々がナチス的な圧政に対して、立ち上がっています。そんなムーブメントの広がりはとても感動的です。今、地球では人々が国境を超えて、愛の力で団結しているという感じですね。まさに、「WWG1WGA（Where we go one We go all）」、つまり、「行くときは、一丸となって行こう」ということですね。

地球はアセンションへ向けて加速中

ジェームズ はい、その通りですね。今、地上には、高次元の存在たちや創造主のエネルギーが集中的に降り注いでいて、地球の波動も上昇しながら、次のレベルに行こうと

しています。その地球に自分の波動を合わせていかないといけません。「シューマン共振*」がすごい数字になっていますよ。地球も狂ったように動いています。太陽活動に伴い、太陽から惑星間空間内へプラズマの塊が放出される「コロナ質量（CME）」も増えて、それらが地球に当たっている最中です。これらが人々の意識を大きく変え、身体の生体エネルギーを増強します。だから、目覚めが加速するのです。でも、そうすると、同時に痛みやトラウマも出てくることになります。だから、それを浄化しないとダメです。今は光とエネルギーがたくさん降り注がれ、同時に不要なゴミを出す時期ということですね。

美代子　トランプさんがおっしゃる「Drain the Swamp（泥沼をキレイにする）」ということと同じですね。これから、社会、経済、地政学的なすべてが大きく変わっていくのでしょうね。

ジェームズ　はい。そして、ハリケーンやサイクロンが多

---

*シューマン共振

シューマン共振（共鳴）とは、地球がもともと持っている周波数のことで、かつては7.83Hzであったが、今では約2倍の14Hzにまで上がっているといわれている。

発しているのは、気象戦争が起きているからです。気が狂った悪魔的存在たちが、HAARPなど気象操作ができるテクノロジーを持っているので、それを使い気象を加速的に激しくしています。たとえば、ハリケーンのレベルのカテゴリーが2だったら、すぐにそこから5に変わるようなことも、彼らは操作できます。もちろん、アライアンス側も気象操作を行います。他にも、今は銀河系の中心から強いパルスエネルギーが降り注いでいます。宇宙にあるガンマ線なども測定できるんですよ。これによって、火山も地震も活発になりますね。

美代子 アライアンス側も地下基地を破壊するために洪水を起こすこともあるので、これによって被害に遭われている方は大変ですね。

ジェームズ そうですね。でも、今はそんなことが起きるのも仕方がないでしょう。何しろ、最後の闘いですから。もはや、今まで地球を支配してきた人たちは、地球の波動と合わなくなっています。これらの人たちはすでに人間ではなくなっていて、他の生き物の周波数になっています。人類に対して、まったく愛情のない4次元の存在になり果

てているのです。ですので、今、特に非人間的な事件など
も起きているのです。ある意味、これはスピリチュアルな
戦争とも言えますね。でも、だからといって不安になるの
ではなく、私たちはもともと神聖な存在ですので、正しい
在り方でいれば大丈夫です。

美代子　支配者であるレプティリアン系の存在たちは、
人々が苦しい時こそゲラゲラ笑っているような存在たちで
すからね。アフガニスタンで若い兵士が殺されても、副大
統領のカマラ・ハリスは笑っていましたからね。

ジェームズ　彼らは悪魔崇拝者ですからね。人の不幸が喜
びなのです。

美代子　彼らにはクローンなどもいますしね。彼らは、
眠っている人々に自分たちは悪魔であるということをちょ
くちょく見せるような行為を行いますよね。

ジェームズ　はい。特に今のような時期はネガティブな存
在とつながりやすいので、自分の波動をしっかりと保ち、
波動が浄化できていない方は、この時期には、チャネリン

グなどには気をつけた方がいいです。敏感な人なら、強い
ガンマ線に影響を受けて、頭痛や疲労を感じる人もいるで
しょう。また、常に眠くなるという人もいるでしょう。感
情的に不安定になる人も出てくるはずです。何しろ今、激
しく揺れ動く地球のど真ん中に私たちはいるわけですから
ね。

美代子　そういう時こそ、自然の中に出て、グラウンディ
ングをした方がいいですね。

ジェームズ　はい、その通りです。

 ## グレイだけでも
57種類存在している!?

美代子　ところで今、地球上にいるエイリアンにはどれく
らいの種族がいるのですか？

ジェームズ　そうですね。たとえば、レプティリアンにも

悪いタイプだけでなく良いタイプもいますが、基本的に地球にいるレプティリアンのほとんどは、支配欲が強く冷酷な種族ばかりです。また、レプティリアンと人間のハイブリッドは人を騙すのが得意で、シェイプシフトをして姿形を変えるので要注意です。変身しようと思えば、ハリウッドスターのように美しい容姿にも変身します。また、グレイに関しては、グレイと一言で言っても、実は57種類くらい多種多様なグレイが存在しています。

　たとえば、バイオロジカル・ロボット（生体ロボット）みたいなタイプもいますし、さまざまです。グレイにはグレイだけの連合だってあるのですよ。中でも悪質な、「トールグレイ」のタイプは絶対に避けたいです。基本的に、トールグレイが「スモールグレイ」を指示していることが多いです。基本的に私たち人類は、プレアデス人やオリオンの光の評議会とかシリウス人、アンドロメダ人、アークトゥルス人などと関わるべきです。彼らは人間に姿形も似ていて、とても愛情深く、スピリチュアルな種族ですからね。そんなエイリアンとつながるべきです。

美代子　なるほど。私の周囲には、善良なタイプのエイリ

アンとコンタクトを取ったという人なら何人かいますね。その人たちは皆、地球のために何かしたいという使命を持った心の美しい人ばかりです。もちろん私自身も、神様とか高次元の導きを感じています。レプティリアンと会ったことがあると言う人は滅多にいませんが、1人だけ子どもの頃にレプティリアンと会ったと言う人はいましたね。ちなみに現在、レプティリアンは人間に紛れ込んでいたりしますか？　紛れているのは、レプティリアンとのハイブリッドではないかと思うのですが、いかがですか？

ジェームズ　はい、レプティリアンと人間のハイブリッドは大勢いますよ。彼らは、ハリウッドや音楽業界、大企業や政府などの支配層に入り込んでいて、闇側のアジェンダに深く関わっています。おっしゃるように、純粋なレプティリアンに会うことは滅多にないです。彼らは、巧みに姿を隠していて見つからないようにしていますから。実は、数日前に、ハイブリッドではない本物のレプティリアンが姿を現して、私にプラズマ兵器で攻撃してきたんです。

美代子　ええっ!?　本当ですか!?　なんということ！　そ

れで、大丈夫だったのですか？

ジェームズ　はい。瞬時に頭を動かして、プラズマビームをかわすことができました。顔をスレスレに通りましたよ！　ありがたいことに、その時も、プレアデス人が介入してくれたのです。だから、無事に命が助かりました。ラッキーでしたね。

美代子　そうなのですね！　それはよかったです。そういえば、私がアメリカのECETIを訪問した時に、上空にどこからかブラックヘリコプターが飛来してきて、毒ガスを上から撒いてきたのだけれど、その後すぐに善良な宇宙人がやってきて、その毒ガスを消してくれたというお話もしてくださいましたね。

ジェームズ　はい、そういう話は時々ありますね。

James Gilliland
—— ジェームズ・ギリランド ——

ケムトレイルが 完全に無くなることが 勝利のサイン

美代子 そういえば、確か、お誕生日にも優しい宇宙人が お祝いのメッセージを空に描いてくれましたよね（笑）。

ジェームズ はい、そんなこともありました（笑）。でも、 実は最近、闇側にケムトレイル＊を撒かれてしまい、鼻が 不調になってしまったんです。このあたりには、かなり多 く撒かれているんですよ。近所の住人で呼吸困難になって いる人もいますね。ケムトレイルの成分は、かなり有毒で

＊ケムトレイル

航空機が化学物質などを空中噴霧することによって生じるとされる飛行機 雲のような航跡。10年以上前に多く見られた現象で最近はほぼ見られなく なってきた。＜画像は『Fall of The Cabal』より＞

身体中を巡りますからね。でも、良いエイリアンたちが来てくれると空気も浄化されて空もきれいになります。でも、ここのところ、良いエイリアンたちは少し怠慢なのかな？（笑）

美代子 ケムトレイルは少なくなったと聞いていますが、まだあるということは、闇側の残党がいるということですね。でも、ジェームズさんは100％守られているから、絶対に大丈夫です！

ジェームズ ありがとうございます。ケムトレイルがまだある限り、ホワイトハット側が完全に勝利できていない、というサインではありますね。ケムトレイルがなくなったなら、我々の勝利と確信してもいいでしょう。

美代子 日本では、もう随分とケムトレイルは見なくなりました。ケムトレイルには酸化グラフェン*やアルミニウム、ストロンチウム、バリウムなどの重金属が混在してい

＊酸化グラフェン

石墨であるグラファイトを酸化処理することによって得られるのがグラフェン。コロナのワクチンには、この酸化グラフェンが入っており、血管内に入ると血液や血管を裂いたりして血栓を起こすともいわれている。

るらしいので、はやく完全に無くなってほしいですね。

悪事の背後にいる レプティリアンや ハイブリッドたち

美代子　さて次に、人間の間に紛れ込んでいる宇宙人やハイブリッドが引き起こすさまざまな悪行について、ちょっとお聞きしてみたいです。これまで、彼らが多くの子どもたちを誘拐したり、人身売買をしたり、また、性的虐待や拷問をしたり、さらには生贄など、あまりにもひどいことをやってきましたね。こんな非人道的で残酷なことは、普通の人間では信じられません。それも、精神的におかしい人が行うのではなく、王室の人々や国家を代表する政治家たち、世界的な著名人やセレブリティたちが行っているというのが問題なのです。普通の感覚なら、子どもを生贄にするなんて、たとえ、銃を頭に突きつけられても絶対にできませんよね。ですので、やっぱりこのようなことも、地球に紛れ込んだレプティリアンやグレイのハイブリッドた

ちが行っているのかなと思うのです。

ジェームズ　はい、そんなハイブリッドたちは、地上にも
地底にもたくさんいますし、時には、人間にも憑依しま
す。彼らは、人間のことなんてちっとも考えていないの
で、たとえ子どもに対しても、思いやりなどもなく冷酷で
す。だから、邪魔だと思えば簡単に相手を消すし、子ども
にだって平気で虐待をしたり、食べたりすることだってあ
るわけです。彼らは人間ではないので、信じられないこと
もやってのけます。彼らの本当の姿を見たら、あまりの怖
ろしさに気絶する人もいるでしょう。

美代子　そうですよね。日本では、まだほとんどの人が
眠っているので、そんな人たちに向けて、悪魔崇拝の秘密
の儀式で子どもが生贄にされているなどという話をして
も、誰も信じてくれません。人間の中に宇宙人が紛れ込ん
でいる、などという話をしても同様に、頭がおかしいと思
われてしまうだけです。ですから、この本を通して、そん
なことを伝えていきたいのです。

ジェームズ　はい。ぜひ、そうしてください。どっぷり洗

脳されている人は、世界の裏で何が本当に起きているのか
なんて、理解できませんからね。逆に、そんなこと知りた
くない、という感じなのかもしれません。こういった事実
を掘り下げることが怖い人もいますからね。そんな人たち
は、とにかく、今まで通りの無難な生活をしていきたいの
です。

美代子 トランプさんは、子どもの誘拐や殺害、人身売買
のことは必ず世界の人々に暴露すると言っていましたから
ね。こんな実態を知ったら、びっくり仰天してショック状
態に陥る人も多いはずです。

ジェームズ そうですね。マリア様は、「彼らは、子ども
たちに対して行った悪事のために崩壊する」と言っていま
した。子どもたちにそのような残虐なことをするのは、ど
のレベルのどの次元のどんな存在でも許されません。宇宙
の法則に反しています。だから、彼らはこの罪によってどん
底に落ちますよ。マリア様もプレアデス人もすべてつな
がっているようで、彼らの存在が1つになって、パワフル
なエネルギーとなって地球に降りてきています。トランプ
前大統領は政権時代に、人身売買や子どもの誘拐などの問

題について、多くの女性たちをパネルに採用して調査を行うように指示していました。

　彼らにとって、トランプは手ごわい相手でしたからね。そのうち、彼も戻ってくるでしょう。今のバイデン政権は、再び国境を開き、人身売買や麻薬密輸を自由にできるようにして、これまでとは正反対の方針を採用しています。悲しいことに、「国境を開放する」ということは、そういうことを意味するのです。もちろん、バイデン政権は、そんなことは決して認めませんけれどね。でも、彼ら自身はそのことを知っているし、民主党員の多くが麻薬の密輸や人身売買に関わっているのも事実ですよ。これは、リサーチをすれば、すぐに出てくることです。

美代子　はい、わかります。それにしても、子どもの人身売買は本当に許し難いです。

ジェームズ　トランプ政権は、これを取り締まる側だったのですけれどもね……。

美代子　子どもたちの救出作戦を優先していたトランプさ

んの働きには、神様も喜んでいらっしゃるはずです。トランプさんは大統領に就任した際、真っ先に、「人身売買撲滅のための大統領令」を3つ発令しましたからね。アメリカでは年間80万人も子どもが行方不明になっているのですから。

ジェームズ　痛ましいことですね。

 # クローンや替え玉がいる バイデンやヒラリー

美代子　あと、すでにご存じの人も多いかもしれませんが、バイデンは本物ではなく役者が演じていて、下院議長のナンシー・ペロシも前副大統領のマイク・ペンスもクローンがいると思われます。そう考えると、彼らはすでにアライアンス側の支配下にあると思えるのですが、いかがですか？

ジェームズ　そうですね。アライアンス側がカバール側の

アジェンダをそのままやらせているのだと思いますが、とりあえず、バイデンは偽物のようですね。なぜなら、目の色が本物と違います。彼は青い目でしたが今は黒いです。目も生きている感じがしません。

美代子 まだ目覚めていない人が目覚めるためにも、彼らのアジェンダをそのまま演じさせているといいますね。ジョー・バイデンは逮捕されているはずです。昨年、足首につけて行動を監視するアンクルモニターをつけていましたから。確か、トランプさんが「彼は、（ワクチン）注射をした」という表現をしていましたが、あれは「バイデンは処刑された（処分された）」という意味だと解読したアノン（Ｑのフォロワー）が多かったようです。

ジェームズ 本物のバイデンは、もう生きていないのではないでしょうか。

美代子 直感が鋭いジェームズさんがおっしゃるのなら、そうかもしれませんね。

ジェームズ ええ。でも、彼らには役者もクローンもいま

すからね。バイデンはロボットみたいな動きをするときも
あるので、コンピュータで制御されていることもあるよう
です。それに、メディア露出の際には、ホログラム処理を
されていたこともありますね。ニュース映像では、彼の手
からマイクロフォンがすり抜けてしまった映像もありまし
た。また、役者が演じている場合は、階段でわざと何度も
つまずくなど、なさけない姿をさらしたこともありますし
ね。

美代子 そうですよね。あのバイデンも、ホワイトハウ
スでの会見で「残りのショーを楽しんでください（enjoy
the rest of the show）」と自分で言ったのですから、本当
にショーですよ！ 笑えてきます。ヒラリー・クリントン
は、クローンの他に役者も使っていますね。身長が明らか
に違います。場合によっては、すごく若く見える時もあ
り、本物の彼女ではないことがわかります。

ジェームズ そうですね。オリジナルのヒラリーは、投資
家のジョージ・ソロスに似ていますよ。つまり、いわゆる
"悪人顔"をしている、という意味です。本物のヒラリー
は、とてもシワが多く老けて怖い顔をしていました。ス

ター・ウォーズの登場人物みたいでしたね（笑）。

アメリカでは 9割近くの人が 目覚めはじめている⁉

美代子 そういえばヒラリーは、2016年9月11日にあった9.11の世界同時多発テロの追悼式展の日、式典の途中で体調を崩して退席し、車に乗る前に倒れましたね。当日その後、彼女は娘のチェルシーのマンションで亡くなったという噂がありました。ところが、同じくその日のうちに、ヒラリーのボディーダブル（そっくりさん）らしい女性が元気に出てきました。彼女は2016年の大統領選挙の時に、激しい咳がとまらなかったので、クールー病＊だと噂されていました。カニバリズム（人肉嗜食）の習慣があったり、アドレノクロムを飲んでいたりする人はこの病

＊**クールー病**

パプアニューギニアの風土病でヒトのプリオンが原因だといわれている。治療不能とされる神経の変性をもたらす伝達性海綿状脳症の一種。現地の埋葬儀式であった人肉を食べる習慣だったことが原因で感染していたといわれている。

気になりやすいそうです。だから、彼女は処刑されずに病死したのかもしれないし、その後、遺体はグリーンランドに冷凍保存されているという話もありました。最近、ヒラリー逮捕の噂がありますが、役者の方でしょう。マイク・ペンスはすでに処刑されていますよね。

ジェームズ　はい。ペンスがどこかの洞窟に隠れていたのを追跡されて、そこから一度は逃げたという話は知っています。ただしその後、処刑されたのかどうかについては、私はわからないですね。

美代子　そうなのですね。ところで、アメリカでは、どれくらいの人が目覚めていると言えますか?

ジェームズ　現在、アメリカではバイデンに投票した人は、今になって「こんな政策のために票を入れたのではない!」と心底後悔をしています。ですから、アメリカでは9割くらいの人が目覚めてきているのではないでしょうか。ほとんどの人は、再びトランプが戻ってくるのを待っていますよ。

美代子　それは、うらやましいですね。アライアンス側の計画がうまくいっているということですね。日本はまだまだです。

ジェームズ　だって、不正選挙がなければ、本来ならば、８割の人たちがトランプに投票していたのですから、バイデンに票を入れたのは２割だけですよ。でも、その人たちも今ではおおよそ気がついてきています。

美代子　それは素晴らしいですね。アメリカの人たちは、そんなに目覚めているのならば、ワクチンも接種しないですよね？

 ワクチンは打たないで！

ジェームズ　ワクチンについては残念ですが、たとえトランプに投票したとしても、コロナやワクチンのことを十分に理解しているとは限りませんからね……。

美代子　確かに、すでにアメリカでは5割以上の人が、ワクチンを接種したと聞いています。

ジェームズ　あれは、"ワクチン"と呼ぶべきものではなく、「遺伝子のセラピー」みたいなもので、副反応がとても怖いです。人に接種する前に、動物実験をもっとすべきでした。このワクチンの動物実験では、2回目の接種を受けた動物が、その後、ちょっとした風邪を引くと、すぐに死んでしまいました。だから、ワクチン接種者も次に風邪にかかると、免疫機能が活性化して暴走状態になる「サイトカインストーム」が起きて、最悪の場合は死を招くのです。私の親しい人たちには、医者や専門家からの情報を見せて接種を止めましたが、それでもワクチンを打つ人もいましたね。「君は陰謀論者だから、頭がおかしい！」などと言われてしまって……。だから、「もし今後、副反応が起きたとしても、私に泣きつかないようにしてね」と言いましたけどね。残念なことです。

美代子　マスコミの情報を信じて、ジェームズさんのアドバイスに耳を貸さないのは残念ですね。私の周りでもそんな人たちは多いですよ。私も、タクシーの運転手さんやホ

テルのフロントのスタッフ、美容院の人たちなど、たとえ初対面でも、「ワクチンは危険だから打たないでくださいね。人体実験ですよ」と伝えています。若い方には、「子どもが産めなくなるかもしれませんよ」とも言います。たとえ変な人だと思われても、1人でも多くの人を助けてあげたいのです。中には、真剣に聞いてくれる人もいますね。

ジェームズ FDAは、「PCRテストを使うな」とか、「マスクには効果がない」と言い出していますね。確かに、市販のマスクには、もしかして酸化グラフェンや危険性のあるナノ粒子が入っているかもしれないので、マスクを使うなら、自分で作成する方が安全です。マスクを長時間していると、酸素不足になって脳に悪影響を与えることもあり、また、多くの内臓疾患にもつながりかねません。スペイン風邪が流行した際には、多くの人がマスクのせいで肺炎になって死亡したのです。ワクチンに関しても、ファイザー社の元役員が「ファイザーのワクチンは有害なので絶対に打たないように」と警告していましたよね。先述のように、酸化グラフェンが有毒な働きをするだけでなく、体内に入ると電磁波の5Gにも反応するわけです。これには、

ビル・ゲイツなどの優生学者が関与しています。大量殺人になりかねません。

トランプがワクチン接種を勧める理由とは!?

美代子 それにしても、なぜ、トランプさんは、ワクチン接種を勧めているのでしょうか？　彼のこの発言はよくないと思うのですが……。

ジェームズ トランプが"ワクチン"と発言する時、これは何かの暗号だと言う人もいますね。でも、私もあのメッセージは良くないと思います。やはり、多くの人がワクチンは接種すべきだと思ってしまいますから。ただ、彼の立場にも制約があるのも確かです。これまで彼は、大手製薬会社をはじめとする大企業、大手メディアなどに立ち向かってきましたが、立場的にワクチン反対を叫べなかったのかもしれません。また、彼はコロナやワクチンの専門家を側に置いていましたが、そんな専門家たちの上に爆弾を落としたくなかったのかもしれません。トランプにとって

も、"大きな作戦"という構図がある中で、ワクチン接種はどうしても避けられなかったのかもしれないですね。

美代子 コロナ関係で側近に置いていた専門家といえば、アンソニー・ファウチ博士とかデボラ・バークス博士などですね。トランプさんは彼らを闇側の人材だと承知の上、側近にしていましたからね。そうすることで、逆にファウチの正体や製薬会社、ビル・ゲイツなどのアジェンダを暴露していたのだと思います。

ジェームズ トランプがワクチンを勧めている件は、私も気になるので、もう少し調べてみます。彼の息子のバロンもワクチンで被害を受けていますしね。適切な処置を受けて回復したようですが……。

美代子 トランプさんは、「ワクチンは強制ではなく、選択の自由である」と強調していました。目覚めた人は、ワクチンが危険だと知っていますので勧められても打たないでしょう。また、コロナが広がりはじめた頃、「2020年の3月末にはコロナも収まり、皆で教会に行けるようになるだろう」とか、「経済を早く再開しないとダメ！」と都市

のロックダウンには反対していました。また、最初の頃から抗マラリア薬のヒドロキシクロロキンがコロナの治療には効果があると語っていました。とにかく、トランプさんはビジネスマンなので、経済活動を止めたくなかったと思います。

　昨年秋の大統領選の時期には、各地で行われた集会では彼自身もマスクをしていませんでしたし、ソーシャルディスタンスも守っていませんでした。ですので、基本的に彼はコロナのことを危険だと思っていないし、いろいろな角度から見れば、トランプさんの考えはわかると思います。ウイルス学の権威であるジュディ・ミコビッツ博士やリン・ウッド弁護士など、多くの専門家たちもワクチンの危険性を訴えています。でも、ワクチンを接種した方は、新しい地球を見ることなく、この世を去ることになるかもしれないですね。洗脳されていたとはいえ、本当に残念です。

ジェームズ　ワクチンの危険性を伝える情報はすでにかなり多く出てきていたので、それらを信じなかった人たちは、もう仕方がないです。何かあったとしても、「洗脳さ

れ続けることは間違いである」ということを学ぶために必要だったと前向きに捉えるしかないのかもしれません。今までにも、他のワクチンの危険性、遺伝子組み換え問題、原子力エネルギーの問題など、常に社会ではいろいろな問題が提起されてきています。グローバリストたちが一体何を目論み、行っているのかということについて、もういいかげんに人々は、気づかないといけませんね。

 # 銀河連合と連携するアライアンス

美代子　そんな闇の側と闘っているのが、光の側の地球アライアンスということでいいですよね？

ジェームズ　はい、確かにアメリカを中心に世界規模でアライアンスは存在しています。宇宙の銀河連合ともつながっていますし、さまざまなマスター的存在ともつながっていますよ。たとえば、中国であれば観音菩薩とか。信じられないかもしれませんが、裏側で中国の側からも準備が

進んでいます。これには、世界が衝撃を受けるでしょう。実は、中国では、ハイレベルな人たちが中国共産党のしてきたことに、もううんざりしているのです。そこで、中国共産党を潰す準備が進んでいます。そして、栄誉ある従来のシステムを取り戻そうとしているのです。だから、将来的に中国共産党は消滅するでしょうね。

美代子 その話はすごいですね！ その計画を進めている中国のリーダーについて、ジェームズさんは実際にご存じなのですか？

ジェームズ 直接の知り合いではなく、その人物の名前までは言えませんが、とても高い地位の人です。でも、その人の活動について、素晴らしいニュースを聞いています。私は、高次元の存在からも情報をもらっていますから、そのあたりのことがわかるのです。

美代子 なるほど。中国共産党の崩壊ももうすぐですね。長江にある三峡ダムも決壊しそうですしね。あの周辺に、ビットコインのマイニング施設や多くの地下基地、遺伝子や生体の実験場、アドレノクロムの製造工場があると聞き

ました。地理的に武漢研究所も破壊されてしまいますね。そうなると、しばらくは大混乱が起きるでしょう。でも、その後には平和な世界が訪れますね。これを話すと、多くの人から非難されるのですが、実は、あの習近平は光側の人間ですよね？

ジェームズ　はい、そうです。ただし、両方の勢力から引っ張られているので、彼はとてもわかりにくい立場にあります。しかし、ああ見えて、彼は人類のためになることを一応、考えてはいるんです。

美代子　ロシアのプーチンもカバール退治に関与していますよね？　彼は政治家としてはトランプさんよりも先輩になりますしね。

ジェームズ　はい、3年前にプーチンは力強いスピーチをした後で、トランプにフットボールを渡しましたね。あれは、「私がディープステイトを退治したので、次はあなたの番です」という意味でした。

美代子　はい、その映像は見ましたよ。心強い限りです。

ジェームズ プーチンの方が、先に自分の国から中央銀行家たちを追い出しましたからね。

美代子 はい。ロシアとインドはリーダーが素晴らしいので安泰です。

ジェームズ どの国にも、ディープステイト、もしくはカバールと呼ばれる存在たちはいます。アメリカ、中国、日本にも必ず工作員たちがいます。それらをすべて退治するのですから、壮大なオペレーションです。今、すべての国家の正義感のある人たちが、「カバールによる子どもの人身売買は止めるべきだ！」とか、「レプティリアンがスポンサーするカバールを退治するべきだ！」と声を上げはじめています。今の時代において、どんな国でも専制政治は許されないし、そんなことをしていたら、この地球では存続できません。

1950年代から
人類と協力体制にある
銀河連合

美代子 レプティリアンは、人類とはナチスの時代にすで
に提携していましたが、銀河連合はいつ地球人と提携した
のでしょうか?

ジェームズ 銀河連合は、1950年代からアメリカ海軍と
提携していました。彼らは未来が透視できるので、当時か
らすでにタイムラインが2つあることを知っていました。
そこで、理想的なタイムラインの方になるように、アメリ
カ海軍にテクノロジーを伝授して、一緒に宇宙船を作るな
どしていました。だから、アメリカ海軍には「ソーラー
ワーデン*」があり、アメリカでは宇宙軍もできたのです。

*ソーラーワーデン

「太陽系の監視人」という
意味で、アメリカ海軍によ
る太陽系監視艦隊の組織と
いわれている。<画像は
YouTube「Michael Salla」
チャンネル」より>

今は、勝利を目前にしているタイミングです。おかげさまで、レプティリアンやグレイなどが支配するという地球のタイムラインはなくなりましたよ。

美代子 UFOや宇宙情報に詳しい著作家、ウィリアム・トムキンズ*がその話を詳しくされていました。アメリカ海軍にはノルディック*の支援があったと。今、銀河連合などの光側はどういう存在たちでしょうか?

*ウィリアム・トムキンズ

UFOや宇宙情報に詳しい著作家で、『Selected by Extraterrestrials: My life in the top secret world of UFOs., think-tanks and Nordic secretaries』の著作あり。<画像はYouTube「Michael Salla」チャンネルより>

*ノルディック

北欧系に見えるヒューマノイドタイプのエイリアンで美形だといわれている。<画像は、YouTube「Exo News」チャンネルより>

ジェームズ　はい。銀河連合*には、かなり多くの種族た
ちが関与しています。特に、高いレベルになると、神様と
かソース（大いなる源）という存在にまでたどり着きま
す。現在、13次元の存在たちまで地球に関与しています。
また、ラカーとかジェサイなど惑星を守る存在たちもやっ
て来ています。他にも、進化した光側のアヌンナキが戻っ
てきています。それが、7次元のシリウス人を連れてきて
います。猫族の宇宙人です。アンドロメダやアルクトゥル
スやオリオン光の評議会からも参加しています。オリオン
光の評議会は、レプティリアンと激しい争いをして勝利し
た体験から、今回、地球においては、人類救済に大いに活
躍してくれています。彼らはアジアと強いつながりがあり
ます。

　プレアデス人も深く関わっていますよ。彼らがアトラン

＊銀河連合

宇宙に存在するさまざまな
惑星の種族たちが参加す
る組織、連盟のようなも
の。宇宙の平和と調和のた
めに働きかけていて、地球
の救済にもサポートしてく
れているという。＜画像は
YouTube「Michael Salla」チャ
ンネルより＞

ティスとレムリアをつくったわけですからね。彼らは「テラフォーマ（生態系を整え、生命体が地球に居住できるような働きをする存在）」です。彼らの古代の先祖のライラ人も来ていました。その話は、オーストラリアの古代の石に刻まれています。最初の人類は、ライラからやって来て、その姿は頭が尖っている背の高い種族でした。それが、私たちが「アヌンナキ」と呼んでいる存在たちのことです。「アヌンナキ」は「天国から降りてきた」という意味ですね。

　その後、ポールシフトのような地球の変革があり、プレアデス人がやって来て、アトランティスやレムリアが誕生しました。さらにその後、再びポールシフトが起きて、さまざまな星から宇宙人たちが飛来してきたので、人類には多くの地球外生命体のDNAが入っています。人類は宇宙からのDNAが詰まった"DNAのスープ"のような存在なのです。プレアデス人は、人類や植物のDNAのストックを持っているので、人類にはプレアデス人のDNAが入っている人が多いです。彼らは先ほども言いましたが、テラフォーマなので、今の地球の大変革と復興にその能力を最大限発揮してくれています。地球がもともと持っていた運

命を最大限に活かせるように尽力してくれているのです。

美代子　そうなのですね。それにしても、銀河連合や高次元の存在たちからの応援は大変心強いです。

銀河連合とアライアンスが行った「木星の会議」とは？

美代子　ところで、銀河連合と地球アライアンスが行った「木星の会議」というのがあるらしいのですが、これについての話をお願いできますか？

ジェームズ　はい、私が聞いた情報では、2021年の7月に、木星において、銀河連合と地球のアライアンスの代表との会合が計12回にわたってあったとのことです。参加したのは、銀河連合やアンドロメダ評議会、地球からは14か国の公式な代表と、大手グローバル企業のCEOだそうです。参加できた企業は、前向きで建設的な未来を作ろ

うとしていた企業だそうです。この会議の中心となっていたのは、フランス、アメリカ、ロシア、中国、イギリスとのことですが、多分、日本も参加していたのではないかと思われます。各国を代表するリーダーには、アメリカ合衆国が選ばれました。

　これまで、レプティリアンやグレイは、人類を監視するために月に地下基地を作り、基地内で人間を奴隷にしていました。そして、月から地球にダークなエネルギーを送り続け、地球の波動を下げていました。しかし、彼らとアライアンスや銀河連合との間で激しい闘いが行われると、激しい抵抗もむなしく、彼らは月から追い出されることになりました。今年の２月には、月は完全にアライアンスの支配下になり、奴隷にされていた人たちも救出されました。地球に目を向けると、かつては南極も、ナチスやレプティリアン、闇側のエリートや一部のアメリカ空軍たちが支配していました。けれども、すでに「ダークフリート（闇の艦隊。闇側の宇宙プログラムで所有されていた宇宙船）」は追い出されています。彼らは今、必死に逃げています。宇宙船に乗って逃げられない者たちは、ボートやトンネルを使おうとしました。スイスの「セルン（ヨーロッパ原子

核研究機構)」にある CIA の地下基地に逃げた者もいるようです。しかし、そのセルンの地下基地も爆破されています。

　他には、火星にもレプティリアンやグレイをはじめ、カバール側の基地がありましたが、激しい闘いが続いています。今はほぼ、アライアンス側が勝利しています。ここでも奴隷にされた人間たちの解放と救出がありました。プレアデスなどが所属する銀河連合は、レプティリアンよりも遥かに優れた最先端の兵器や科学テクノロジーを所有しています。これらの一掃作業にこれだけの時間がかかったのは、地球も月も火星も、それぞれの地下基地には、子どもや大人たちが大勢奴隷になっていたり、檻に入れられたりしていたからです。その人たちに被害が出ないように、慎重に事を進めてきたのです。まずは、彼らの救出が優先されていたので、困難なオペレーションになっていたのです。

美代子　作戦に携わる特殊部隊の人たちも命がけですね。今年の初めに200人の若い兵士たちが地下基地に入ろうとして、先方の罠にかかり、全員が亡くなった話も聞きまし

た。相手側は、一見、自分たちが降参したように見せかけ
ておいて、実は、その裏で爆弾を仕掛けていたらしいで
す。また、地下基地に入った兵士たちの中にも、おぞまし
い現場を見たことでトラウマがひどく、癒しが必要な人も
多いらしいですね。本当に、彼らには祈りと感謝しかない
です。それにしても、銀河連合は強いのですね！

ジェームズ　はい、強いですよ。ある日、私の施設で皆が
空を見上げて、「宇宙船が来た！」と興奮した声を上げて
いたことがありました。でも、私はなんだか嫌な予感がし
たので、「レプティリアンの宇宙船かもしれないよ！」と
警戒していたのですが、実際に、その宇宙船はレプティリ
アン側のものだったようです。でも、すぐに強いビーム光
線がどこからか射し込んできて、その宇宙船に当たると、
宇宙船は瞬時で消えてしまいました。あれはきっと、銀河
連合のビーム光線だと思います。とにかく、ビームが当
たった瞬間、何の残骸も残さないまま、この次元から消さ
れたのです。きっと、どこかの並行宇宙に追いやられたの
でしょう。

「木星の会議」のテーマは、地球の未来の運営について

美代子 すごいですね！ ところで、「木星の会議」の話に少し戻りたいのですが、その会議では何が話し合われたのですか？

ジェームズ 「木星での会合」では、闘いが終わった後の世界の話をしているようです。つまり、闇を退治した後、地球は今後どのように運営されるべきか、などについて話し合われていたようです。多くの人は、今、この次元で起きていることが、壮大な宇宙戦争の一環であることに気づいていません。テレビから流れるニュースが真実だと勘違いしている人が多いですからね。

　現在、地球上では、アメリカの宇宙軍が「シャイアンマウンテン（コロラド州にある空軍基地）」で銀河連合と一緒にオペレーションをしています。もちろん、これらはすべて水面下で行われているので、この情報は決して表には出ることはありません。米軍とホワイトハットは一丸と

なっているようで、まだ米軍内にはカバール側の支配下の者もいたりしますからね。軍ではトランプ支持者がほとんどの中、バイデンを支援しようとしていた者もいましたが、失敗したようです。カバール側のある2人の将軍は、すでに逮捕されましたね。

美代子 そうなのですね。とにかく、これからは学校で学んだ知識を一旦忘れて、星空を見上げて宇宙に想いを馳せるくらいでないとダメですね。つまり、多次元的に物事を見るようにしないといけない、ということです。

ジェームズ はい。今後は、直感やインスピレーションがさらに大事になってきます。地球と人類の解放が起きているのですから。私は子どもの頃、オリオン光の評議会に連れて行かれて、知的生命体と出会いました。その時は、「何か役割があるから、この場所にいるのだろう」、とは思っていましたが、その時点では全貌はまだよくわかっていなかったのです。でも、今にして思えば、すべて合点がいきますね。現在、5次元、6次元、7次元のプレアデス人が地球人として生まれ変わってきています。もちろん、私のような役割を持つ人間は他にもいて、同じように、

今、この時代に生まれてきています。

　今、地球は大事なアセンションの時期を迎えていて、創造主がこの時期に最適だと思われる存在たちを地球に送り込んだといわれています。地球では、「宇宙人による侵略が行われているのではないか」という声もあり、それも確かに起きています。でも同時に、地球のアセンションのために進化した知的生命体たちもたくさん地球に来ているのです。

　彼らは、米軍、政界、ビジネス界とあらゆる組織に紛れ込んで、アセンションのための活動をしています。そんな混沌とする時代の中で、「自分は何をすればいいの？」と戸惑う人たちも多いのですが、そんな人たちには、「新しい地球で、宇宙の偉大なる家族との再会のために、人々を誘導できるように準備をしてください」とアドバイスしています。私たち"スターシード"は地球上の人々を解放するために来ているのです。きっと、美代子さんもそういう役割があるのだと思いますよ。

スターシードたちへの
アドバイス

美代子　ありがとうございます。この本の読者には、スターシードである人たちも多いと思います。そんな人たちに、何かアドバイスをいただけますか？

ジェームズ　はい。何よりもまずお伝えしたいのは、「自分自身が神聖な存在であることを思い出してください。そして、自分の波動を上げてください」ということです。すべての鍵は自分の内側にあります。だから、本当の自分の本質とつながることです。そして、恐怖心を持たないことです。

美代子　そうですね。一人ひとりが立ち上がれば、とてもパワフルです。それに、救世主を待つのではなくて、自身の目覚めが一番大事なのだと思います。皆が「Q」になることですね。

ジェームズ　はい。私たちは、神様からの遺伝子をいた

だいています。神様に似せられて創造されたのです。人のDNAは"ジャンク"だといわれますが、そんなことはなく、まだ起動していないDNAがあるだけです。宇宙人たちが人間を誘拐している理由は、私たちのDNAが欲しいのです。また、意識はエネルギーであり、すべての意識とつながることができます。だから、ご自身の心の炎を燃やすと、すごいことも起きるのですよ！　人間は、神様のDNAと炎のように燃え上がる意識、マインドを持っているのです。

美代子　DNAと意識、そしてマインド。これが私たち一人ひとりの宝なのですね。

ジェームズ　はい。そして、彼らの目的は、ワクチンによって人のDNAを永遠に変えてしまうことです。つまり、神様とのつながりを絶とうとしているのです。人間が生来持っている神聖なるパワーを断ち切ることを目論んでいます。彼らのエンドゲームは、神聖なる存在である人間のスイッチを切り、支配されるロボットになるスイッチをオンにすることなのです。私たちは神聖な存在ではあるのですが、そのパワーを発揮するには、自分を癒して波動を上げ

ることです。誰もが過去の失敗や痛み、トラウマなどに囚われていて、それらがその人の波動を落としてしまっているのです。だから、まずはそれらを癒し、手放してほしいのです。

美代子 なるほど。私たちの中に眠る神聖なパワーを発動させるということですね。そうすれば、この奴隷のような状態から抜け出せますね。

ジェームズ はい。そのためにも、闇側の大手マスコミに耳を傾けないでください。マスコミの情報は私たちを恐怖に陥れるだけでなく、馬鹿な状態にしてしまいます。要するに、人は良識を失い、彼らの意のままになってしまうのです。

美代子 とにかく、今すぐテレビのスイッチを切ることですね！ テレビだけでなく、ネットのソーシャルメディアでも恐怖を煽るものは見ない方がいいと思います。大地震が来るとか、大惨事が起きる、などの情報はストレスになりますよね。未来とは、不確定なものだと思っていますから。

地球に合わせて
自身の波動を上げること

ジェームズ 創造主も高次元からエネルギーを注ぎ込んでいます。もう、この次元上昇は誰にも止められません。だから、繰り返しますが、自分の波動を上げないといけません。そうでないと、下降スパイラルに入ってしまい、それも加速化されてしまいます。つまり、闇側の洗脳から抜けられず、低い意識のままになってしまうのです。そうなると、次元上昇の高い波動に合わせられません。残念ですが、低い波動は闇側と同じ波動なので、一緒に落ちていきます。

美代子 せっかく美しい地球になろうとしているのに、それはもったいないですね。私たちに必要なのは、真実を正しく知り、美しい未来を信じて前向きにワクワクすることですね。それができれば地球の波動も上昇し、神様、トランプさん、アライアンス、銀河連合や目覚めた人たちのおかげで、平和で豊かな世の中になるのですね。

ジェームズ　将来的には、今後はフリーエネルギーも使えるようになるし、他にも反重力推進装置など、数多くの最先端のテクノロジーが使えるようになります。医療用のメドベッドなどのヒーリング技術やレプリケーター（エネルギーを物質変換し、飲食物や機械部品などを複製する装置）もあります。ガスも石油もタイヤもいらなくなります。世界中どこでも簡単に行けるようになりますよ。環境保全もでき、汚染も浄化できます。海や川や湖や森もきれいになるので、地球がよみがえります。

美代子　そんなテクノロジーが使えるようになるまで、どれくらい時間がかかりますか？

ジェームズ　3年くらいじゃないですか？

美代子　そんなにすぐにですか？

ジェームズ　はい、そのようなテクノロジーは、すでに存在しているので、闇を一掃できれば、すぐに展開できるはずですよ。すべては、彼らが隠してきたのですから。

美代子　そうなると、今後はそのためのインフラ整備、建設、工事なども必要になるので、ビジネスも繁栄しますね。でも、今ある鉄道や車などはいらなくなるでしょう。電柱なども街から消えますね（笑）。もしかして、近い将来、空とぶ円盤に乗れるのですね！　そうなると、宇宙にも行けますね。プレアデスの人たちにも会えるかもしれません。病気も治癒が可能になれば、誰もが元気になるだけでなく、自然がよみがえれば動植物や海洋生物たちも元気になるから、地球そのものが喜びますね！

 # マリア様とつながる メラニア夫人

美代子　最後に1つだけお聞きしたいのですが、よろしいですか？　トランプさんの奥様のメラニア夫人はプレアデス人ですよね？

ジェームズ　はい。それに、メラニア夫人はマリア様と強

くつながっていますよ。

美代子 やはり、そうですか！

ジェームズ 彼女は非常にスピリチュアルな方で、美しい
エネルギーの持ち主です。彼女は崇高な人なので、ソー
シャルメディアや不正メディアで叩かれても相手にしてい
ません。フェイクメディアは彼女の一挙手一投足を取り上
げて、必ず悪い内容や嘘で報道しますからね。

美代子 そうですよね。でも、私は彼女のことが大好きな
ので、メラニア夫人のことを確認できたのでうれしいで
す。トランプさんの娘であるイバンカさんはどうでしょう
か？

ジェームズ イバンカは、もしかしたら、メラニアよりも
高次元から来ているかもしれないです。というのも、エネ
ルギーが素晴らしく、アンドロメダ人とつながっているか
もしれないです。神話では、アンドロメダ人を大天使とし
て描いていますね。アンドロメダ人は背が高く、8〜9
フィート（2メートル40センチ〜2メートル70センチ）

程度、そして、磁石のような青いライトボディを持っています。地球には、アンドロメダ星から来た多くの種族がいますよ。メラニアのことは霊視していたのですが、イバンカのことはまだなので、後ほど彼女のことも霊視してみますね。

美代子　次回は、イバンカさんのことも聞きたいです！それにしても、今日は長い時間、貴重なお話をしていただき、ありがとうございました。またいつか、日本にもいらしてくださいね。

ジェームズ　ありがとう、美代子さん。あなたの今後の活躍もお祈りしますね。

美代子　ありがとうございます！

対談を終えて

美代子の部屋 ②

☕ 私の「ECETI」訪問レポート

　今回、宇宙という大きな視点から、地球が迎えようとする新しい時代についてお話ししてくれたのが、ジェームズ・ギリランドさんです。

　対談中にもお話ししたように、私はジェームズさんが運営する聖地、「ECETI」を訪れたことがあります。

　訪問したのは、15年前の2006年頃になりますが、私が「ラムサの学校」で同時通訳をしていた頃のことです。

　当時、この学校に通う友人から「UFOのコンタクティで、聖者のようなすごい人がいる」という話を教えていただき、その人がジェームズさんであることを知ったの

です。

　ラムサの学校について簡単にご紹介しておくと、ラムサとは3万年前の戦士の魂が、「JZナイト」というアメリカ人女性の肉体に入ってきて、彼女を通してチャネリングで古代の叡智を教えているスクールです。

　私自身もこのラムサの学校で、量子物理学の知識をはじめ、呼吸法や各種ワーク、また、自分とは何者であるかを知ることなどを通して、現実創造の方法を学んできました。

　ちなみに、私が翻訳した本、『ザ・シークレット』（ロンダ・バーン著）に書いてある内容は、すでにラムサの学校で学んでいたことばかりでした。

　現在、アセンデッド・マスターとなったラムサは"風"となり、私たちに会いにきてくれていますが、この私も、これまで何度もラムサに励まされています。

　さて、友人からジェームズさんという存在を教えてもらった私は、どうしてもご本人に会ってみたくなり、早速、アメリカでレンタカーを手配して、友人たちと一緒にワシントン州の彼の施設まで行ってみることにしまし

た。

　風光明媚（めいび）な大自然の中を行くと現れてくる景色が、ネイティブ・アメリカンの聖地、マウントアダムス。

　その麓にあるのがジェームズさんのスピリチュアルセンターです。

　ここには、世界中からさまざまな人々がリトリートにやってきますが、訪れる人々の面子もとてもユニークです。

　たとえば、アメリカ政府の航空司令官、パイロット、シークレットサービス、NASA職員、科学者たちなど。個性的な人々が多いのは、この場所は知る人ぞ知るUFOが出没するメッカであり、ジェームズさんは、世界的に知られているUFOコンタクティでもあるからです。

　現地では、ジェームズさんが快く私たちを出迎えてくれました。

　実はジェームズさんも、当時、ラムサが大変話題になっていたことから、半信半疑ながらラムサの学校に参加したことがあったそうです。

　すると、ジェームズさんもラムサは高次元の存在とし

て "本物" であることがわかったそうで、以降は、ラムサとの交信がはじまったそうです。

　現地に到着して驚いたのは、ジェームズさんがご自身の手でリトリートの建物やホールなどを建設されていたということ。

　なんと、大工さんなどは雇わずに、ご本人と仲間たちだけで造り上げたこだわりの施設なのです。

　当時、ジェームズさんはフリーエネルギーの装置のようなものも作成されていたようでした。

　私が訪問した頃は、リトリートのプログラムがスタートしたばかりの頃ですが、敷地内にはヤギや鶏などの動物たちもたくさんいて、農地では自家栽培もするなど、まさに人間としての理想的な生活がそこにはありました。

UFO コンタクティの第一人者、ジェームズさん。

「ECETI」のあるワシントン州のマウントアダムスは、
ネイティブ・アメリカンの聖地。

大自然のあふれる広大な敷地には、たくさんの動物たちも共存している。

☕ 多次元を感じるUFO出没エリア

　さて、パワースポットでもあるマウントアダムスの地
底にはUFOの基地があるそうで、そこでは、山の中腹
の扉がよく開いて、UFOが出たり入ったりしていると
のこと。

　ジェームズさんは、その一部始終の様子をフィルムに収めているのですが、実際に山の中腹の扉と思われる場所に行ってみると、そこには何もないのです。

　つまり、当然ですが、そこには物理的な扉などがあるわけではなく、その場所は、UFOが出入りする次元へとつながるスポットなのです。

　言ってみれば、私たち人間もエネルギーの振動体であり、多次元に生きている存在でもあるのですが、ここでは、"多次元と共存する"、そんなことを実感できる場所だったりします。

　ちなみに、ジェームズさんは、子どもの頃から、ずっとこのようなセンターを設立したかったらしいのですが、予知能力のある彼は、常にマウントアダムスの周辺の景色がビジョンで見えていたそうです。

　そこで、施設を建設する際には、実際に現地を訪れてペンデュラムを使いながら、強く反応した場所を建設地に選んだということです。

　マウントアダムスという土地は、もともとネイティブ・アメリカンたちが住んでいた聖地でした。

ここでは、100年以上前からUFOが出没していたらしく、この土地に住んでいたネイティブ・アメリカンも昔から宇宙人との交信をしていたそうで、病気なども直してもらっていたそうです。

　ジェームズさんも腰を痛めた時に、宇宙人から送ってもらった光で痛みが消えたそうです。

　その時の写真を私も拝見させてもらったのですが、射し込んでくる光線が曲がって彼の腰に当たっていました。

　実際に、ジェームズさんのセンターにいると、とても癒されるのです。

　ジェームズさんが宇宙からのエネルギーを降ろしているらしく、その場所一帯には特別なエネルギーが渦巻いているのがわかり、敷地にいるだけでヒーリングが起きるのです。

　そんなパワフルな場所、ECETIですが、面白いことに、宇宙からだけでなく、政府からも監視がやってくるそうです。

　時折、米軍のブラックヘリコプターがジェームズさん

の敷地の上空を監視に来たりするらしいのですが、ひどい時には毒ガスを撒かれたりすることもあったようです。

　米軍の大佐から「UFOの情報を発信するな」と警告を受けたこともあるそうです。

　政府にとって、UFOは核兵器以上の最高機密情報なので、あまりUFO関連の情報や知識は広めてもらいたくないのでしょう。

マウントアダムスの次元の変わるスポットでは
UFO が頻繁に出没。

153

自分を解放すると、
UFOが見えるようになる

　さて、私が滞在した日の夜も、UFOたちが遭いにきてくれました。

　都会の東京などでは決して見られない満天の星空に、何機ものUFOが飛んで来て、その様子を見ていると、なんとも懐かしい感じがしたのを思い出します。

「UFOは見たことがない！」と言う人もいますが、実際にUFOは見える人と見えない人がいるようで、それも、「見える」というのは「目」で見るのではなく、「脳」で見るのだそうです。

　ジェームズさんも、「私たちの目は、何億もの情報を見ているけれど、脳はそこから、その人に必要な物だけを見せている。だから、"実際に目で見るまで、そのことを信じない"と言うのは正しくありません。もっと気持ちをオープンにしないとダメ」とおっしゃいますが、その通りですね。

　これは、「洗脳を解く」ということとも同じではない

かと思います。

　UFOに関しては、私は他にも日本やスイスなどで何度もUFOを目撃したことがありますが、一度、三河湾で水平線に沈む夕陽をうっとりと見ていた時に、UFOがはっきりとジグザグに飛んでいるのを目撃しました。「UFOを見たい！」と言う人は、宇宙に対して自分をもっと解放するといいのかもしれませんね。

☕ "神の子"である子どもは
　　大人が助ける

　ジェームズさんが教えてくださったのは、宇宙人のテクノロジーのすごさです。

　たとえば、ベッドで寝ている人を宇宙船に乗せたら、また、そのままきちんとベッドに戻せるそうです。

　宇宙船に乗せられた本人は、そんな夢を見た感覚を覚えるか、もしくは、記憶をすっかり消されているのだそうです。

対話中にもありますが、地球の支配層は、戦争のためのテクノロジーを追求したために、低いレベルのグレイとかレプティリアンとつながってしまいました。

　一方で、「子どもたちを助けたい！」と思えるような意識の高い人たちは、次元の高い宇宙人がつながるでしょう。

　やはり、人間も宇宙人も同じ波動で引き合うものです。

　カバールが行ってきた残虐な行為の中でも、ひときわ残酷なのが子どもたちに対する虐待です。

「そんなことは自分には関係ない」と思う人がいたとしたら、高次元の宇宙人や神様たちとはつながれないのではないかと思います。

　"神の子"である子どもたちを私たち大人が救わずに、誰が助けるのでしょうか？

　なんとしてでも、皆で子どもたちのために立ち上がっていきましょう！

　皆で一丸となって、そのような志を持つことができたら、銀河連合やプレアデス、アンドロメダなどの進化した宇宙人たちが、人類の前にその姿を現してくれるのではないでしょうか。

　今の人類の最終戦争が無事に終わった暁には、銀河連合が進化したテクノロジーを伝授してくれるだけでなく、人間の霊的成長のサポートもしてくれるはずです。

　その頃には、この地球もすべての生命体がいる美しい水の惑星に戻って、銀河系の中でもより一層輝く星になることでしょう。

☕ 神に選ばれし人、ジェームズさんへ感謝

　読者の皆さんは、ご自身がスターシードであることを思い出している人も多いと思います。

　そんな人は、自分の使命と人生におけるミッションを強く感じていらっしゃると思いますが、この時期だからこそ、ぜひ周囲の方の目覚めをサポートしてあげてくださいね。

　そして、地球におけるスターシードの第一人者と断言できるのが、ジェームズさんです。

　彼の地球のアセンションのための貢献は、大きいと言

えるでしょう

　今回の対話でも、宇宙人や高次元についてのことを、ご自身の実体験から語っていただいたことは、私にとっても大変貴重な情報になりました。

　ジェームズさんは、「君は神から選ばれた人だよ」とあるシャーマンの方に言われたそうですが、私もそう思います。

　そんな「神に選ばれし人」との対話の機会をいただけたことに、感謝したいと思います。

PART

III

ジーン・
コーセンセイ

Gene Cosensei

元海軍特殊部隊出身、
徹底したリサーチで真実を暴き、
愛で人を導く

読者の強い要望で、
ジーンさんが再び登場！

美代子 こんにちは、ジーンさん！ 今日は、再びお話をしてくださる機会をいただけてうれしいです！ 前著で、ジーンさんが教えてくださる情報は、真実を伝えながら、かつ、心を揺さぶられる深い内容であったことから、ぜひ、もっとジーンさんのお話を聞きたいという読者からの声が多かったのです。そこで、今回の本でも再び、ジーンさんにご登場いただければと思いました。今日は、よろしくお願いいたします。

ジーン こんにちは 美代子さん。今日は再び、この場に呼んでくださってありがとうございます！ とても光栄です。前回のあなたの本が大変好評だとお聞きして、とてもうれしいです。あなたの情熱あふれる活動のおかげで、日本でも目覚める人が増えているようで素晴らしいですね。さて、最近は、いかがお過ごしですか？

美代子 ありがとうございます！ 私の方の活動ですが、

これまで、YouTube のチャンネルで定期的に情報を発信していたのですが、今年の 1 月に、「Miyoko Angel」というチャンネルがアカウントごと削除されてしまいました。加えて、サブチャンネルもすでに 10 回以上もの警告を受けているので、今ではあまり YouTube に投稿できない状況です。Twitter のアカウントは、昨年の時点で、とっくに削除されていますしね。そこで現在は、SNS では「Rumble（ランブル）」や「Bitchute（ビットシュート）」というビデオプラットフォームにだけ情報をアップしているのが現状です。私が発信しているような種類の情報は、やはり、世の中に向けてオープンに配信するのは大変です。

ジーン そうですか……。やはり、真実を語る人のアカウントは削除されてしまうんですよね（笑）。

美代子 そうなのです。でも、先ほども申し上げたように、ジーンさん、あなたは日本では大人気なんですよ。ぜひ、いつか、機会があれば日本にいらしてくださいね。

ジーン ありがとうございます。はい、またいつか日本へは、行きたいと思っています！

美代子　皆でお待ちしています。何しろ、ジーンさんは臨死体験をされた際に、私たちを救済するために、こちらの世界に戻ってきてくださった貴重な方なのですから。

 レプティリアンの
DNAを持つ
カバールメンバーたち

ジーン　はい。この世に生還して、カバールが人類に対して行っているおぞましい悪事、とりわけ子どもたちに対して行う残虐なことを止めさせないといけない！と強く思ったのです。また、前回の本でもお話ししましたが、学校で学んだ知識がほとんど間違っていたことに気づいたわけですからね。そんなこともお伝えしないと、とミッションを感じたのです。たとえば、現在の物理学はかなり間違ったことを教えているし、歴史に関しても同様です。第2次世界大戦において、ナチス・ドイツは連合国軍に負けていませんしね。当時のナチスは、南極で爬虫類系の宇宙人で

あるレプティリアンと一緒に「秘密宇宙プログラム」を進めていましたから。また、同時期に南極へと探検に赴いた米海軍のバード少将*の話も表向きの話とはまったく違っています。表向きには、彼は南極探索という名目で行きましたが、実際は、ナチスの基地を見つけて、その基地を破壊するために行ったのです。その際、アメリカ海軍は南極

---

*バード少将（リチャード・バード）

アメリカ合衆国の海軍士官、探検家。最終階級は海軍少将。米軍の最高位勲章である名誉勲章の受章者。1946 〜 47年に実施された「ハイジャンプ作戦」の指揮を執る。この作戦は、表向きには海軍による南極観測プロジェクトだったが、実際には、ナチス・ドイツの秘密結社の基地を探して破壊することが目的だった。大規模な人数の軍隊と大がかりな艦船、航空機により現地に赴いたが、ドイツ側にエイリアンテクノロジーを駆使したダイレクトレーザー兵器や、高速の宇宙船などを備えていたことからアメリカ側は圧倒的に不利になった。＜画像は YouTube「History Channel」より＞

で徹底的にナチス軍に負けています。当時のナチスには、地球上にはないエイリアンの先進テクノロジーがありましたからね。とにかく、そういった本当の話は、すべてこれまで隠蔽されてきました。それから、第2次大戦後に、「ペーパークリップ作戦*」でナチスの科学者が1,600人もアメリカに渡って来て、彼らがCIAという組織の原形を作ったなどということも教えられていません。ナチスの科学者たちは、航空産業、NASAや原子力委員会などにも入りました。

美代子　私も講演会ではそのあたりのお話はいつもしますが、宇宙人とヒトラーとの関係の話あたりは、やはり

---

* ペーパークリップ作戦（Operation Paperclip）

第2次世界大戦末から終戦直後にかけて、ナチス・ドイツの科学技術に関心を持ったアメリカ軍が、ドイツ人の優秀な科学者らをドイツからアメリカに連行した作戦のコードネーム。＜画像はジーン氏提供＞

知っておかないとダメですよね。というのも、ナチスと
ヒトラーが1930年代にレプティリアンと密約を結んで以
降、彼らが世界を支配しながらアジェンダを進めているの
で。第2次世界大戦中はブッシュ家、ロスチャイルド家、
ロックフェラー家、オランダ王室などのカバールがナチス
を支援していました。彼らは皆、レプティリアンのDNA*
を持っているような人たちですね。そもそも、支配層たち
は、ヒトラーも含めて、すべて血縁でつながっているよう
な人たちであり、そんな彼らが、現在も私たちに対して生
物兵器のワクチンや電磁波を使ってホロコースト（大量殺
戮^{りく}）を引き起こしているわけですよね。いわゆる人口削減
と人類の家畜化です。でも結局は、ヒトラーだって、カ

＊レプティリアンの DNA

世界を裏で支配している王族やエリートたちはレプティリアンの DNA を
持っているといわれている。＜画像はジーン氏提供＞

バール側の操り人形だったわけです。

ジーン　そうですね。おっしゃるように、ナチス時代からのアジェンダが今でも続いています。第2次世界大戦以降、約40年にわたって起きていたソ連とアメリカの間の「冷戦」も、ソ連とアメリカの闘いではなく、実はナチスが起こしたものです。ナチスは、レプティリアンとの「秘密宇宙プログラム」を通じてカバール側のエリートと合体して軍産複合体になりました。だから戦後は、ナチス（カバール）がアメリカを支配していたようなものなのです。

美代子　はい、本当に恐ろしい話です。でも今ではすでに、アライアンス側の作戦の方がはるかに優れていますよね。銀河連合のサポートもあるのですから負けませんね。しかし、レプティリアンや彼らのハイブリッドたちが地球を支配していたという真実は、人々が知るべきですね。

ジーン　はい、そう思います。

ワクチン未接種でも 接種者から 「スパイクたんぱく」が感染

美代子 ところで、世界中でコロナのワクチン接種が進んでいますが、ジーンさんは、これについてどうお考えですか?

ジーン はい。多くの人がワクチンを接種しているので、たとえ未接種でも、接種者の近くにいることで、その人からスパイクたんぱくが感染することがあります。私はこのケースに罹ってしまい、皮膚疾患の「モルゲロン病*」になってしまいました。

美代子 えっ! ジーンさん、大丈夫ですか? モルゲロン病は、マスクやPCR検査の綿棒の中に潜む「ナノワーム（不織布マスクなどの繊維に付着しているナノレベルの

＊モルゲロン病

皮膚の痒みに襲われた部分から、ナノファイバー状の繊維、または繊維のような寄生虫が出てくるという奇病。自己診断に基づく、科学的裏付けのない皮膚疾患だといわれているが、患者数も増加している。マスクの繊維に寄生虫が入っているという噂もある。

人工的な黒い糸のような虫)」からも感染する場合があると聞きましたが……。

ジーン　アメリカでは多くの人がワクチンを接種していますからね。私は武道をしているので、毎週のように鍼灸治療を受けているのですが、鍼灸師がワクチンを2回接種したのです。それで、どうやら、その人からモルゲロン病になってしまいました。皮膚が痒いし、皮がむけてくるし、とてもつらいですね。

美代子　まあ、それは、大変ですね！　症状は回復に向かっているのですか？

ジーン　はい、大丈夫ですよ。私は海軍にいたので、自然療法をはじめとするさまざまな治療方法を知っているので、必ず治ります。たとえば、松の葉は解毒作用の効果があるのですが、私の庭からも松の葉が採れるので、新鮮なものはそのまま口に入れてなめたり、お茶にもして飲んだりしています。松の葉は、慣れると美味しいですよ。レモンみたいな味がします。

美代子　はい。松の葉は良いと聞きますね。私の家にも庭に松の木が２本あるので、毎日お茶にして飲んでいるんですよ。

ジーン　そうですか。でも、巷（ちまた）で良いといわれているものの中にも、有毒なのもあるので、自分で調べて使ってくださいね。私の場合は、殺菌剤の「ミラクルミネラルソリューション（MMS）」や、アロマのエッセンシャルオイルなども使っています。私は医者ではないので、人にアドバイスをする資格はありませんので、それぞれが専門家に相談して、ご自身に合うかどうかを調べてから使用してほしいと思います。

美代子　本当にそうですね。とにかく、その症状が１日もはやく良くなることを祈っています。

「Human（ヒューマン）」と「Mankind(マンカインド)」の違いとは!?

美代子 ところで、どうしてトランプさんはワクチン接種を止めるように働きかけないのでしょうか？

ジーン はい。裏にはいろいろな事情があるようです。実は、アライアンス側は、「ジョンソン＆ジョンソン社」のワクチンの中身を毒性のあるものから、それほど毒性のないものに入れ替えました。その成分には、「Human（人間）」は助かっても、「Mankind（人類）」は３年しか命が持たない成分を入れた、といわれています。つまり、その人の持つDNA次第ということなのです。

美代子 え？ それはどういうことですか？ Mankind（人類）とHuman（人間）とは、どのように違うのですか？ 同じ意味ではないのですか？

ジーン はい。では、その違いをご説明しましょう。ま

ず、両親ともに"純粋な"人間であれば、その子どもは完全な人間です。それがいわゆる、Human です。そして、レプティリアンの DNA が多く入っている人が Mankind です。要するに、「人のような」という意味の「kind of a man」ということで、Mankind という意味になるのです。だから、Mankind は「人もどき」、ということですね。

美代子　なるほど!　その説明はわかりやすいですね。ここでは、いわゆる通常の「人類」という意味での「Mankind」とは違う意味で捉える必要がありますね。そして、純粋な人間なら、入れ替えられたワクチンにあたっても危険性はない、ということでトランプさんはワクチンを勧めているのかもしれませんね。

ジーン　はい、そう思われます。

カバールだった
ゼカリア・シッチンが
人間の起源を都合良く変更

ジーン 『人類の起源に関する書物』という本を書いたゼ
カリア・シッチン*をご存じですか？　彼は、カバールの
上位メンバーで、エリートたちが北カリフォルニアで集ま
るサマー・キャンプの「ボヘミアン・グローブ*」に参加
していました。シッチンは、とても残酷かつ無慈悲だった
ので、カバールのメンバーでさえ、彼のことを怖れていた
くらいです。そこでは、悪魔儀式などが行われていたこと

＊ゼカリア・シッチン（1922―2010 年）

作家。『人類の起源に関する書物』の著者。人類の起源に関して古代宇宙飛
行士説をとっている。彼は、古代シュメール文化の創造は、アヌンナキに
よるものであり、アヌンナキは、ニビルと呼ばれる太陽系に属する惑星か
ら来た種族だという。シッチンは、この説を反映しているものとして「シュ
メール神話」を挙げている。

＊ボヘミアン・グローブ（Bohemian Grove）

紳士社交倶楽部の「ボヘミアン・クラブ」は、サンフランシスコの北に位
置するソノマ郡モンテ・リオ町（Monte Rio, California）に、「ボヘミアン・
グローブ」と呼ばれる約 11 平方キロの敷地を持っている。セコイア雌杉の
巨木が立ち並ぶボヘミアン・グローブでは、毎年 7 月下旬、2 週間にわた
る会合が開かれている。そこでは、エリートたちが悪魔儀式を行っていた
ともいわれている。

は知られていますが、彼はそこで行われる「血の誓い」の儀式にも参加していました。彼の任務は、シュメールの粘土板に書かれていた「人類の起源」の話をカバールに都合のいいように変えて、世の中に伝えることでした。話は少し長くなりますが、その話は次のようなものです。

　人類の創成に関わったといわれているアヌンナキは、惑星「ニビル」から来たレプティリアン系の宇宙人です。彼らは、「天国から堕落した天使」ともいわれていますね。ニビルは、太陽の周りを2,590年周期で回っている惑星で、最近では2016年から19年の間に、地球に近づいていました。かつてアヌンナキは、大昔にドラコと核戦争をしたことでニビルの大気を汚したことから、大気の浄化のために金（きん）が必要になり、地球の金を採掘に来ていたのです。彼らは、金採掘の労働者として人類を奴隷化しようとしたのですが、思惑通りにいかなかったことから、人間の遺伝子操作をすることにします。そして、「人にそっくりだけど、人ではない。そして、知的には進化していても、反撃するほどの情熱はない」というような、彼らに都合の良い種族を作ったのです。その操作された種族が、最終的にはカバールへと進化していったのです。

具体的に言うと、当時の古代の地球には、アダムとイブ*がいました。そこで、彼らはルシファー（悪魔）の仲間でもあるサーペント（蛇）を使い、イブをマインドコントロールしたのです。その時、すでに、イブにはアダムとの間にアベルという息子がいたのですが、次の子どももお腹にいました。そこでアヌンナキは、イブの子宮から細胞（胎児）を取り出して、人間の遺伝子を抹消し、そこにアヌンナキとドラコ（双方ともレプティリアン系）の遺伝子を入れてイブの子宮に戻しました。その遺伝子は、自分たちに奉仕する都合の良いように知的に進化したハイブリッドになる遺伝子でした。時は満ちて、イブが「ケイン」を出産しましたが、遺伝子が操作されていたためにケインは

＊アダムとイブ

アダムとイブは、旧約聖書『創世記』に記された最初の人間として知られている。聖書の中では、天地創造の終わりにヤハウェによって創造されたとされる。
＜画像はジーン氏提供＞

ピュアな人間ではありません。ケインは、ルシファーを崇拝するレプティリアンとのハイブリッドです。その後、ケインは兄のアベルを殺し、結果的に、ケインはエデンの園から追放されたのですが、その際に、神様から彼の額に「誰も彼を殺させない」という印をつけられました。けれども、その印は、「彼はビースト（野獣）であり、悪者である」という証明でもあったのです。

美代子　神様はケインに、「人間ではない」という印をつけたのですね。

ジーン　はい。そして、ケインと同じように、子宮内の胎児に遺伝子を操作されたのがいわゆるカバールを構成する13のファミリーではないかと思います。だから、シッチンが主張する「宇宙人が人間を創造した」というのは間違いで、本当は神が人間を創造したのです。あくまでも、ハイブリッドの人間をアヌンナキが創造しただけです。このようにして、何千年もかけて、彼らは多くの遺伝子操作や人間との混血を創造してきたので、ケインの子孫＝Mankindがどんどん増えていったのです。今、地球上にはこうした人ではない種族が何百万人もいます。そんな人

は、良心も慈悲もありません。責任感も忠誠心もなく、自分さえよければよいというエゴの塊のような人間です。

　基本的には、DNA が70% 以上純粋な人間ならば、マインドコントロールはされません。やはり、人間には良心があるからです。人間であれば、もし、記憶を消されても、徐々に思い出すことができるはずです。なぜなら、それこそが人間に備わっている生命力だからです。でも、レプティリアンの DNA が75% くらい組み込まれていると、簡単にマインドコントロールされてしまいます。また、CIAが1950年代から極秘で行っていた洗脳実験の「MK ウルトラ」でマインドコントロールされた人は元に戻せないです。たとえば、反ファシストの「アンティファ（Anti-Fascist）」たちは、黒人に対する暴力や人種差別の撤廃を訴える「BLM（Black Lives Matter）」の運動などで暴動を起こしたりしていますが、こういった人たちの数を減らしていかないといけません。カバールに操られて、世界中で暴動を起こしたら大変危険ですからね。マインドコントロールされやすいタイプの人は、非常に多いのです。そこでアライアンスは、そういう人をターゲットにした変異株を密かにワクチンに入れたのではないかと思います。

神が「他の種と交わるな」 といった理由

美代子　そんな事情があったとは驚きですね！　確かに、カバールの兵士であるアンティファたちは残酷ですからね。そういう計画があるのなら、納得です。今、かつてマインドコントロールされて記憶を消されていたスーパーソルジャーたちは、徐々に記憶を取り戻して、真実や体験を語りはじめていますよね。小さい頃に誘拐されて「秘密宇宙プログラム＊」に参加させられていたコーリー・グッドなんかもそうですよね。そこで質問ですが、たとえば、私たちは"純粋な人間"であるとはいえ、もともとは、プレアデスやアンドロメダなどの地球外生命体の遺伝子も混ざっていると思うのですが、そのあたりはいかがですか？

＊**秘密宇宙プログラム**（Secret Space Program）

アメリカの軍部、政府、関連企業で秘密裡に進められていた秘密の宇宙計画。このプログラムに参加していたコーリー・グッドは6歳の時に米軍に拉致されて、SSPの一員となるべく訓練を受ける。彼は、「ソーラー・ウォーデン（太陽系の監視人）」という太陽系を侵入者から守る警備の一員として参加するなど、20年間にもわたって宇宙艦隊での任務に就いていた。

ジーン　はい、宇宙人の遺伝子は入っていますよ。

美代子　ということは、アライアンスがターゲットにしたのは、レプティリアンの遺伝子が入った人限定、という意味ですね？

ジーン　はい、そういうことです。ちなみに、カバール側が提供するオリジナルの毒性のあるワクチンは、人口削減のためです。接種した人のDNAを変えてしまいます。けれども、これに関しても、純粋な人間のDNAはターゲットにできないと思います。いわゆる"マンカインド（純粋な人間ではない）"のDNAしか操作できません。人間として52%純粋なDNAを持つ人は、ワクチン接種で苦しんでも、助かりますし、その後、より純度の高い人間のDNAになるはずです。神が「他の種と交わるな」といった理由は、「人間以外の種と交わるな」、ということだったのです。

美代子　なるほど。そうだったんですね。そして、人もどきのマンカインドは、カバールのプログラミングを受けやすいようにデザインされていたのですね。

ジーン　はい。そういう人は、目覚めている人に比べて人間のDNAが少ないので、マインドコントロールされやすいのです。とはいえ、ワクチンを接種してしまった人でも、イエスキリストによって救われますので安心してください。イエスは人々の救済のために自分の血を捧げました。ですので、神を信じている人は、ワクチンによって、自分の中の悪い宇宙人のDNAが洗い流されるでしょう。実際に、ワクチンを勧めるトランプの発言はカバールをも混乱させているようですね。

美代子　なるほど。それにしても、宇宙から地上、そして地下基地などさまざまな組織にいる闇と闘うのですから、すべては理想通りにはならないですよね。トランプさんの立場も大変でしょう。でも、ワクチンに関しては、「強制ではなく、選択は自由だ」と繰り返しておっしゃるので、作戦上の発言だと解釈しています。でも、やはりワクチンによって犠牲者も出ているので、本当は、止めてほしいですけどね。すでにワクチンは危険だという証拠が山のようにあるので。それでも、多くの人は、メディアの報道しか信じないので自ら進んで打っていますね。今、教えていた

だいたお話はとても興味深いです。

 # 日本でワクチンの影響で 亡くなる人の割合は?

ジーン そうですね。とにかく、ワクチンもですが、BLM の軍隊を排除しないとダメです。彼らは侍のように最後まで闘う精神を持ち、非常に暴力的かつ無慈悲で危険です。そんなタイプの人は、イスラエルと中国に多くいるようです。ワクチン騒動が終わる頃には、中国とイスラエルの人口が大幅に減っていると思いますよ。接種者の8割以上が亡くなっているかもしれません。カバールは味方の軍隊を殺しても平気ですからね。彼らは人口を削減できればいいのですから。

美代子 そういえば、今年の1月6日にワシントンDCの国会議事堂を襲撃したのもそういう人たちでしたものね。一見、トランプの支持者のふりをして。また、ワシントンから各地に広がったアンティファたちの暴動も怖かったで

す。アメリカだけでなく、世界中にそういう人たちが潜在的にたくさんいるということは怖いですね。あと、イスラエルは亡くなる人が多いだろうとおっしゃいましたが、イスラエルはワクチン接種がかなり進んでいた国ですよね？日本の場合は、どうですか？

ジーン　日本は悪くないですよ。多分亡くなるのは接種者のうち2割以下じゃないですか？　アメリカよりも少ないです。

美代子　そうですか。では、アメリカはいかがですか？

ジーン　3割くらいが亡くなるでしょう。

美代子　大変お気の毒ですが、これも何千年も続いた人類の最終戦争ですから、犠牲者がでるのも否めないのかもしれません。それに、そもそも"死ぬ"ということは終わりではなく、人は死後も魂は生き続けますからね。私はモンロー研究所の公式トレーナーとして、死後の世界についての本を2冊（『前世のシークレット（フォレスト出版）』、『人はあの世で生き続ける（PHP研究所）』）を出している

ので、自信を持って言えます。この世で命を終えると、あの世へ"長期宇宙旅行"に旅立ち、そこで多くの仲間と元気に過ごして、また生まれ変わってくるという感じです。亡くなる魂も、人類救済のためにそのような役割を選んできたのかもしれません。

ジーン そうなのかもしれませんね。

 # 地球内部にいる
生命体について

美代子 ところで、世界各地の地下基地でのバトルは、最近はどんな感じですか？

ジーン はい。地下での闘いはその後、かなり激しくなっています。現在、南極からはドラコやレプティリアンが大勢逃げていますね。闇の艦隊といわれていた宇宙船、「ダークフリート（ドラコニアンをサポートするためにナチスが運営していた艦隊）」もすでに去っていますね。ナチスや

ドラコたちが最新の設備や施設を残していったので、今ではトルコやフランスなど多くの国々が南極でそれらの技術を使おうとしています。

美代子 そんな動きがあるのは、面白いですね。

ジーン アメリカ国内も、まだ完全に終わっていないです。アメリカの地下基地は、とても複雑で深いので。地球内部には知的生命体もいますよ。

美代子 地球内部ですか？

ジーン はい、実は、地球は空洞＊なのです。この考え方は、惑星の構造そのものから見直さないといけないのですが……。たとえば、今では冥王星は惑星ではなく、「矮惑星<ruby>矮<rt>わい</rt></ruby>」と定義されていますね。これは、冥王星が岩のような

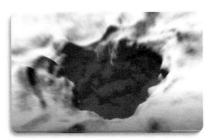

＊地球は空洞

地球は、中身の詰まった球体ではなく、内側が空洞であったり、別世界や別次元へつながっていたりするという「地球空洞説」は古くから存在している。＜画像はYouTube「History Channel」から＞

塊で、小惑星のようなものであることがわかったからです。つまり、内側が空洞ではないのです。惑星は、太陽からある軌道へ投げ出された高熱のガスによって形成され、その惑星の地殻は重力と遠心力によって作られることになります。その際、十分な回転速度があれば、内側は空洞になるのです。つまり、回転が続くと、重たい元素が真ん中に集まる原理になるはずです。だから、南極も北極も大きな穴になっているのです。NASAの写真を見ればわかりますよ（オンラインで画像を提示される）。地球の内側にはインナーサン（地球の内側にある太陽）があります。開口部が明るいので、内側から光が来ているのがわかりますよね？

　また、何百万羽もの鳥が冬になると北極とか南極に向かい、春になると戻ってきます。でも、両極は極寒のはずですよね？　では、鳥たちはどこにいたのでしょうか？　冬には太陽も当たらないのに、どのようにして生存できたのでしょうか？　それは、地球内部に行っていたからです。

美代子　まあ、そうなのですか？　驚きです。そういう話は聞いたことがありますけど、これまでこのようなことに

意識を向けたことがありませんでした。では、地球の内部では、どんな宇宙人たちが生活しているのですか？

ジーン　地球の内部には、アトランティスやレムリアの人たちなど、多くの存在が生活しています。神に奉仕する善良な存在たちがフリーエネルギーを使い、平和で調和の取れた生活をしていますよ。それに、天使たちやアライアンスのメンバーもいると思います。

美代子　え？　アライアンスのメンバーもいるのですか？

ジーン　はい。リチャード・バード海軍少将もそこへ行きましたよ。

美代子　はい。バード少将のことは知っています。アメリカ海軍のオペレーション・ハイジャンプの指揮官でしたからね。彼は南極に行く前に、確かに北極も訪問していたはずですね。それにしても、インナーアースの世界は、また、次の機会にでも、もっと詳しくお聞きしたいです。

カバールメンバーの
逮捕状況について

美代子　カバールのメンバーたちの逮捕が進んでいるようですが、オランダ王室の人々はいかがですか?

ジーン　はい。彼らも逮捕されましたよ。オランダ王室こそ、カバールのトップとも言えますからね。

美代子　今年はイギリスでG7がありましたけど、あれもまるでショーでしたね。バイデンだけでなく、オリジナルのカナダのトルドー首相やフランスのマクロン大統領、ドイツのメルケル首相はアライアンス側に自宅軟禁(監視)されているはずですから。そっくりさんかCGI(Computer Generated Imagery)を使っていたのではないでしょうか。

ジーン　はい。また、無料のエンターテインメントが楽しめました(笑)。

美代子　あと、今年の5月頃に、ワシントンDCにたくさ

んのヘリコプターが飛んできていましたが、これは、まだ逮捕劇が続いているということですよね。前著でもご紹介しましたが、セントラルパークの地下基地も一掃されましたよね？　もう1年以上前になりますが、セントラルパークのテントの野戦病院が話題になっていましたから。テントは、救出した赤ちゃんや子どものためというのは本当だったのですね。何しろ、現地ではおむつやベビーベッドなどが多く用意されていたので、コロナの感染者のためではないと思っていました。

ジーン　はい、その時には、地下で鎖につながれた3,000人以上の子どもたちが救出されています。

美代子　鎖につながれていたのですか？　とにかく、助けられてよかったです。あと、FBIの本部ビルも閉鎖されています。FBIは、ジェームス・コミー7代目長官やFBIの弁護士のリサ・ページなどはすでに逮捕されているとのことですが、ついにFBIにも徹底的な捜査が入りましたね。

ジーン　はい。また、ワシントンDCの街で、地面から水があふれ出ていたというニュースがありましたが、これ

も、実はトンネルからの水が地上に出ているのです。地下から子どもたちを救出してから、現場を爆破して水を入れていますからね。ワシントンDCはもともと沼地だったので、元に戻ったような感じでしたね。

 ## ホワイトハウスを 悪魔祓いしたメラニア夫人

美代子 それこそ、まさに、「Drain the Swamp（沼をきれいにしなさい）」ですね。沼地のお掃除が終わったら、野鳥たちが集う聖地になりますね。そういえば、確か今年の2月頃ですが、ホワイトハウスの地下から、小さな子どもたちが救出されている動画を見ましたけれど、あれは地下に閉じ込められていたのですか？

ジーン はい。今年の2月に、3〜7歳くらいの子どもたちが救出されている動画を複数回、見ました。第2次世界大戦前からオバマまでの大統領は、ケネディ大統領以外は全員カバールに操られていて、レプティリアンの遺伝子が

半分以上入っている人ばかりでした。彼らは自分たちの人間としての姿を維持するために、アドレノクロムが必要だったのです。神学や秘密結社の研究者でもあるアメリカの作家のジョーダン・マックスウェルが指摘していたように、彼らは子どもの血が絶えず必要なのです。それが足りなくなると、レプティリアンにシェイプシフトしてしまいますから。もちろん、その変身は、エネルギー的に行われるものなので、普通の状態では肉眼で見られないかもしれませんけれどね。

美代子 なるほど。姿形を変えるシェイプシフトまでいかなくても、目の虹彩がレプティリアンみたいになる人は、ハリウッドスターやテレビの有名レポーターやキャスターなどにもいますね。そういった写真は、ネットでもかなり出回っています。また、イルミナティからの脱出者であるアリゾナ・ワイルダー女史がイギリス王室や欧米の政治家たちがレプティリアンにシェイプシフトしていく様子を見た恐怖体験を語っているのは有名ですよね。あのダイアナ妃も、「彼らは人間ではない」と話していましたから。

ジーン はい。でも最近は、多くの人々の目覚めが進んで

いるおかげで、地球の波動が上昇しているんですよ。以前もお話ししましたが、地球の周波数とも言えるシューマン共振の数値を見れば、それは明らかです。かつてに比べて、地球の波動は上昇し続けているので、闇の人たちは"人間らしくいる"ことが大変なようです。

美代子 波動といえば、トランプさんが大統領になられた際、メラニア夫人がなかなかホワイトハウスに住居を移さなかったのは、息子のバロン君のためかと思いましたが、ホワイトハウスに漂う悪魔的なネガティブな波動が嫌だったようですね。ホワイトハウスに彼女が引っ越される前には、悪魔祓いをしたとお聞きしました。きっと、館内には多くの悪霊がいたのでしょうね。ワシントンDCはカバールの拠点でもあるので、トランプさんの別荘があるフロリダやニューヨークのトランプタワーの方が心地良いはずだと思っていました。

ジーン そうだと思いますよ。

破壊活動が続く、世界の地下基地の現状について

美代子 そういえば、今年の1月の初めにジーンさんとお話をさせていただいた時に、1月のワシントンDCの暴動には、アフガニスタン戦争の時以上の兵力（ミサイルや戦車、州兵）がDCに集結した理由は、DCにいる腐敗した政治家の逮捕と地下基地のお掃除というお話をされていましたが、本当でしたね。さすがです。

ジーン 地下といえば、バチカンの地下トンネルは金の埋蔵もあり、かなり深いのですが、それがマルタ島にもつながっています。かつて、マルタ島の地下はテンプル騎士団の基地でした。そこからギリシアの地下を通ってトルコにつながっていますが、今回、マグレブ鉄道（浮上式リニアモーター鉄道）へ続くトンネルが破壊されました。このために、ギリシアでも洪水が起きているのです。さらに、トンネルはクロアチアを通ってオーストリア、そしてスイスにつながっています。今年起きたドイツ、オランダ、スイ

スの洪水はアライアンス側が起こしたものでもあるのです。これも、破壊した地下基地に水を流し込むためです。こんなふうに、次々と地下トンネルが破壊されているので、彼らは逃げ道を塞がれている状態ですね。

美代子 私も、ヨーロッパに何年間か住んでいましたが、あののどかで美しい街や村が洪水になってショックを受けましたが、やはり、地下トンネルがあったのですね。

ジーン はい、そうです。アメリカでは、ネバダ州の「エリア51」でも地下から人々の救出と激しい破壊活動が進んでいて、ほぼ完了したはずです。

美代子 それはビッグニュースですね。何しろ、エリア51といえば、地下基地の中でも最も悪名高い超極秘の基地ですし、CIAの拠点でしたからね。

ジーン ええ。また、海外の地下基地の中でも、インド洋にある米軍最大の拠点だった「ディエゴ・ガルシア島*」の地下基地も破壊できたんですよ。

美代子 それは素晴らしいですね！ あの島は、普通の人は行くことができない特別な島で、米軍の湾岸戦争用の最大の拠点基地でしたね。2014 年には、「マレーシア航空機（MH370 便）失踪事件 *」がありましたけど、あの時、失踪した飛行機が連れて行かれたのがあの場所ではないかと思います。飛行機に乗っていた乗客は死ぬほど怖い思いをしたと思いますが、生存者はいるのでしょうか？ あの事件が起きた原因は、当時、世界でも貴重なフリースケール

---

* ディエゴ・ガルシア島

インド洋にあるアメリカ軍最大の拠点であり、湾岸戦争やアフガニスタン戦争、イラク戦争の攻撃の際に、B-52 戦略爆撃機、B-2 ステルス爆撃機などがここより現地に向けて出撃したアメリカの軍事における戦略上の要塞。
＜画像は YouTube「The Truth Denied」チャンネルより＞

INTERIOR OF HANGER AT DIEGO GARCIA AIRBASE

社（アメリカの半導体製造企業）のマイクロチップの特許を持っていた社員の乗客が消えたことで、ジェイコブ・ロスチャイルド（第4代ロスチャイルド男爵）がその権利を持つことになったという噂もあるし、フリースケール社のエンジニアを拉致したかったから、という話もありますね。私はそのあたりがマレーシア航空機の失踪の主な原因だと思っていますが、そういう真実も、これから明らかになりますね。

カバールが起こす山火事で土地が浄化されるという事実

ジーン はい。あの事件に関しては、生存者もいると聞いていますし、これから真実は明らかにされると思います。

＊マレーシア航空機（MH370便）失踪事件

2014年3月8日、マレーシア航空370便がマレーシアのクアラルンプールから北京に向けて飛び立ち、そのまま姿を消した事件でその謎は明らかになっていない。同機には乗務員12人を含む239人が乗っていた。フリースケール社（アメリカの半導体製造企業）の半導体の最新テクノロジーを所有するエンジニアが20人乗っていた。

また、自然災害といえば、洪水だけでなく、森林火災もカ
バールがレーザービーム兵器で起こしていますが、アライ
アンスにとっては、それが役に立つ場合もあるのです。た
とえば、地下基地があまりにも腐敗していたり、汚染され
ていたりすると、土地が有毒化していて悪臭もひどいの
で、火災でそれらを焼き払い、土地を浄化することができ
たりするのです。オーストラリアの山火事の際にも、幸か
不幸か、この火災で西オーストラリア、シドニーやビクト
リアの地下基地もきれいになりました。オーストラリア軍
と米軍の共同軍事施設の「パインギャップ」でこれらの作
戦が行われました。

美代子　そうでしたか。そういった見方もあるのですね。
でも、オーストラリアの山火事のせいで、コアラが全滅し
そうになったとのことで、野生の動物たちもいい迷惑です
ね。それにしても、アメリカでは毎年のようにカリフォル
ニアで森林火災がありますし、被害に遭われる方もお気の
毒です。それに、これだけ自然を破壊したら、神様もお怒
りになりますね。

ジーン　本当に。あと、地下基地からは浄化作業の際に、

埋蔵金なども見つかっています。バチカンからエルサレムまでの地下トンネルが掃除されましたが、隠されていた莫大な量の金は、トンネルの距離にして150マイル（約240キロ）分もありましたが、それらの金のもともとの所有国に戻しています。その金は金額にして、30兆ドル（約3,300兆円）分相当です。これは、ほとんどの人が地球上にあると信じていた以上の金の量なのです。その後、バチカンからスイスに通じる秘密のトンネルも見つかり、ここにも、金や財宝が大量に埋蔵されていました。これらの量は、もはや多すぎて、どれほどの価値があるのか、わからなくなっているのです。

　これらの金や財宝こそ、これまで何千年も人類から搾取してきたものです。それに、失われた聖書の部分なども出てきました。というわけで、今、地球上には金はすでにたくさんあり、世界中の国が金本位制をとったとしても、十分な量があるのです。一方で、銀はさまざまな製品の産業で使われるので、銀の方がこれから希少価値が出てくると思いますよ。それにしても、世界中の多くの人が貧困と飢えに苦しんできた裏では、エリートたちが財産を隠し持ち、贅沢三昧の豪華な生活をしてきたのには呆れますね。

今、日本でも共働きをするダブルインカムでないと子ども
を養えなくなっていますね。アメリカでも同様で、1人が
2つも3つも仕事を持たないと生活していけないような状
況に直面しているケースも多いです。

美代子　本当にそうですね。資産家たちやセレブリティは
一部、寄付や献金をしているのかもしれませんが、本来な
ら、王室やバチカンのお金で、十分に世界中の飢餓が解決
するんですよね。

 # CIA の解体が進行中

ジーン　他にも、スイスのジュネーブ近くの「セルン
（CERN：ヨーロッパ原子核研究機構）」の地下基地には、
CIA の支部もありましたが、ここの爆破と救出作戦も終わ
りました。これは大きいです。ここには、ドイツのフラン
クフルト、南米のグアテマラ、・アメリカの CIA 本部のあ

＊セルン（CERN）

ヨーロッパ原子核研究機構。スイスのジュネーブ郊外でフランスとの国境
地帯に位置する世界最大規模の素粒子物理学の研究所。全周27キロの円形
加速器・大型ハドロン衝突型加速器（LHC）が設置されている。

るバージニア州のラングレーなどからCIAのスタッフが潜んでいましたが、ここで逮捕されてしまいました。ここの地下は非常に深く、マグレブ鉄道か潜水艦でしかアクセスできません。

美代子 そうですか。私はジュネーブに4年間住んでいたので、複雑な気持ちです。セルンのファビオラ・ジャノッティ事務局長が主催したランチ会に出たこともあります。基本的にセルンは、世界中の天才的な素粒子物理学者が集まっている場所ではあるのですが、異次元へのポータルを開こうとしていたとか、怪しい悪魔崇拝の儀式をしていた、などという噂もあり、少し不気味でしたね。また、UFOがセルンの上空をよく飛んでいたこともあったようです。さらに、CIAといえば、ジーナ・ハスペル長官（CIA長官は2018年5月〜21年1月在任）も、不正選挙に関わったドミニオン社のサーバーをドイツで押収する際に、CIAのフランクフルト支部で銃撃戦になったのですが、その際に逮捕されました。

　けれども、その後、彼女は司法取引をして、アライアンス側の捜索に協力するためにぺらぺらと機密情報を話して

いると聞きました。こういった立場の人が一旦寝返ると、秘密基地の情報も得られるので助かりますね。彼女の逮捕に関しては、取引上、彼女の栄誉のために逮捕のことは公開されなかったのだと思います。でも、残念だったのは、この時の銃撃戦で、5人の米軍の特殊部隊の兵士が亡くなったことですね。

ジーン　闘いの中で尊い命が失われることは胸が痛みますね。あと、北朝鮮に関してですが、CIAが北朝鮮を操っていましたが、北朝鮮も自由になれましたよ。

美代子　それは嬉しいですね！　確か2019年6月にトランプさんが北朝鮮を電撃訪問した「米朝首脳会談」の時ですね。

ジーン　はい、そうです。

美代子　あと、あの悪名高きジェフリー・エプスタインのエプスタイン島も、実はCIAのオペレーションだったんですよね。

ジーン　そうです。ジェフリー・エプスタインが逮捕された時に、彼の島に隠してあった麻薬をバハマやオランダ、ミズーリの地下基地に移そうとしました。これには、イギリスのMI5（イギリス機密諜報部）、MI6（イギリス情報局秘密情報部）、モサド（イスラエル諜報特務庁）もFBIも一緒に彼らに加担して行動しましたが、失敗しています。

美代子　それはよかったです。となると、諸悪の根源のCIAもついに解体ですね。感慨深いです。これまで多くの人が打倒CIAの志もむなしく、命を落としてきましたから。ケネディ大統領も「CIAを粉々にする」と宣言していたことが原因の1つとなって暗殺されてしまいましたしね。彼も今、天国から微笑んでいらっしゃることでしょう。

 ## いよいよ金融リセットがはじまる!?

美代子 ところで、金融リセットのために、「スターリンクサテライト*」はすでに軌道に上がってオンライン状態になっていますよね？

ジーン はい、これはトランプ側のシステムです。今年の５月にはもう軌道に上がっているので、今後、量子金融システムや量子コンピュータが本格的に動きだします。

美代子 これを開発した「スペースＸ」社のイーロン・マスクは、トランプ側の人と言ってもいいですか？

ジーン はい、そうです。

美代子 それは、よかったです。いよいよ豊かさが全人類にもたらされますね。何兆ドルと搾取されてきたお金が人々に戻されるので、お金の心配はなくなりますね。貧しい国の借金もなくなるでしょう。ベトナム、イラク、アフ

---

*スターリンクサテライト（スターリンク衛星）

アメリカの宇宙開発企業「スペースＸ」社（イーロン・マスクがCEO）が開発を進めている衛星コンステレーション（特定の方式に基づく多数個の人工衛星の一群・システム）計画。低コスト・高性能な衛星バスと地上の送受信機により、衛星インターネットアクセスサービスを提供することを目的とする。スペースＸ社は、この衛星を軍用や科学・探検などの用途に販売することも計画。

ガニスタン、アフリカ諸国などは、今まで散々、カバール
からひどい目に遭ってきましたからね。

 ## 「アメリカ共和国」と 「アメリカ株式会社」の違い

美代子　ところで、アメリカというのは一般的には、州が
連合して単一国家になった「合衆国」という国家として認
識されているわけですが、最近ではアメリカのことを「共
和国」と表現したり、「株式会社」と表現したりすること
もありますね。この言葉の意味の違いなどを教えていただ
けますか？

ジーン　はい。そもそも、アメリカというのは国ではな
く、17世紀にイギリス領の植民地で「バージニア株式会
社」からはじまったので、アメリカ人は株式会社の商品の
ようなものです。アメリカでは、人はソーシャルセキュリ
ティー番号（社会保障番号）で"商品"として取引される
こともできてしまうことから、世界中で人身売買などが取

引されてきました。でも、トランプ前大統領によって、それをやめることができたのです。

美代子 信じられない話ばかりですよね。今では、バイデンは指示された演技をしているだけですよね。

ジーン 現在のアメリカは、かつての南北戦争の時代のようです。南北戦争当時、南部側にはジェファーソン・デイビス、そして北部側にはエイブラハム・リンカーンという2人の大統領が存在していました。当時は北部と南部の2人でしたが、現在も本物と偽物という2人の大統領がいるのです。今、憲法に従っている合法的な大統領は、南のフロリダにいます。そして、インチキの大統領がワシントンDCにいます。偽物の方は、「アメリカ株式会社」という会社の代表にすぎません。そして、アメリカ株式会社はすでに破産しているのです。

　トランプ大統領は、実はアメリカが共和国ではなく株式会社であるという問題を、昨年の3月に密かに解決していたのです。そのために、連邦準備制度を財務省の傘下にして、通貨は金に基づいて発行されることになりました。す

でに、国内の金融リセットのための「NESARA（National Economic Security and Reformation Act：国家経済安全保障改革法）」も起動されています。「QFS（Quantum Finance System：量子金融システム）」への移行も準備ができているので、後は、スイッチをオンにするだけです。そうなると、トランプが合法的なアメリカ共和国の大統領になります。

　実は、金融リセットにここまで時間がかかっているのは、マーク・ミリー陸軍大将（米軍統合参謀本部議長）がトランプ大統領を裏切ったりしたからですが、その彼も逮捕され、米軍のグアンタナモ収容所の刑務所に送られ、軍事裁判を待っている状態です。もう1人、トランプを裏切った州兵の将軍がいましたが、その人も逮捕されました。トランプと彼のチームは共和国復興のために動いています。トランプは、いずれ大統領として戻ってくるでしょう。ただし、もし、大きな事件、たとえば、スエズ運河でコンテナ船「エバーギブン」が座礁した事故のようなことがなければ、というところです。そして、それは可能だと思っています。

「エバーギブン」の
座礁事故の裏にあった事実

美代子 「エバーギブン*」の座礁事故は、アライアンス側のオペレーションですよね？

ジーン はい。その通りです。あれは、コンテナに乗船していた人からの情報で、宇宙軍に船の操縦システムをハッ

---

* エバーギブン

2021年3月に世界最大級のコンテナ船、「エバーギブン（日本の正栄汽船グループが保有し、エバーグリーン社の定期用船）」がエジプトのスエズ運河で座礁した事故。コンテナ船は、オランダのロッテルダムに向かう途中、スエズ運河を通過中に座礁し、横向きになって運河を塞いでしまい他のタンカーやコンテナ船が通航できなくなり、国際輸送網の混乱を招いた。当時船には、18,300個のコンテナが積まれていた。中には人身売買のための子どもたちも積まれていた。＜コンテナ画像はチャーリー・フリーク氏提供、子どもの写真はYouTube「The High Command」チャンネルより＞

キングさせたのです。そして、アライアンス側が宇宙から
エバーギブンを操縦できるようにしたのです。当時のコン
テナ内からは、大勢の人間が入れるような部屋や、人を鎖
でつなぐための椅子などの画像も出てきました。実は、こ
の手の巨大コンテナには人身売買される子どもや大人た
ち、アドレノクロムなどが隠されているだけでなく、核兵
器や大量破壊兵器、ワクチンなどの生物兵器が積まれてい
たりします。アライアンス側は、エバーギブンをスエズ運
河で止めて、その間に武器や兵器を応酬したのです。当
然、ワクチンは高温ですべてダメになっていました。この
件には、CIAは手出しができませんでした。結果的に、こ
のコンテナ船からは1,267人の子どもたちを救出しました
が、1,366人の子どもたちは死亡したのです。万が一、船
に誰かが侵入してきたら、核爆弾が爆発予定だったのです
が、アメリカの宇宙軍がこれを阻止しました。

　また、この事件によって、カバール側は予定していた何
十億ドルもの非合法的な利益が手に入らなくなったのです。実は、ロッテルダム港はヨーロッパで最も闇が深いの
です。エバーギブンは目的地のロッテルダム港に着くと、
中身を点検されずに無人の自動システムで荷下ろしされ、

トラックに積まれることになっていました。途中の中継地
点の港でも、コンテナの中身を一度も点検されないのです。これは、大問題ですよね。今回、ロッテルダム港にも
捜査が入りました。また、運河の反対側の29の大型コン
テナ船もブロックし、捜査に介入しました。すると、そこ
でも子どもたちや核兵器などが大量に出てきました。

　この船に核兵器が積まれていたように、カバールは核兵
器を使って第3次世界大戦を計画していました。国で言え
ば、オーストラリア、カナダ、ニュージーランド、イギリ
ス、イスラエルやサウジアラビアで核爆発を起こし、戦争
へと導く予定だったのです。南北戦争時の将軍でフリーメ
イソンだったアルバート・パイクが予言したような、「人
類最終戦争」を予定していたのです。気象操作の兵器はす
でに知られていますし、大量破壊兵器の中には、地球上の
哺乳類を全滅させられる強力なもので、昆虫しか残らない
というようなものもあります。その全容は、カバールでさ
えも理解していないでしょう。今回は、他の29もの船舶
も同様のものを積んでいたことがわかりました。現在、世
界中のエバーグリーン社の船を捜査しています。

ミャンマーは人身売買と 麻薬密売の拠点

美代子　エバーグリーン社といえば、随分前にアメリカで スーパーマーケットのチェーンを展開する「ウォルマー ト」が巨大コンテナ船を所有する船会社を買収したこと を聞きました。世界的にスーパーマッケットを展開する ウォルマートは、闇側の企業としても知られていますよ ね。オバマ政権時には、ウォルマートは「FEMA（Federal Emergency Management Agency：アメリカ合衆国連邦緊 急事態管理庁）」とも提携したことで、アメリカ各地で、 ウォルマートの店舗跡が強制収容所である「FEMAキャ ンプ」に姿を変えていました。その証拠写真をネットに 上げている人たちは、「鉄格子に囲まれて、刑務所みたい だ！」と投稿していました。その後、トランプさんが大統 領になられて、FEMAキャンプの件は解決されたのだと 思いますが、大型コンテナ船で子どもや麻薬を密輸してい るという話は前から出ていましたね。人身売買といえば、 ミャンマーは世界の人身売買の拠点と見ていいですか？

ジーン はい、ミャンマーはそうです。ミャンマーでは、今年の2月に軍がクーデターを起こしたというニュースが報道されていましたが、正確には、総選挙で不正があったので、それに関与していたカバールのリーダーを逮捕したのです。その際、国のインターネットをほとんど停止させ、ダークネット*上に掲載されていた子どもたちを追跡しています。また、カバールが支配する中央銀行も排除できました。この1件で、アライアンスが子どもの人身売買の世界一の拠点であるミャンマーの大きな地下基地や犯罪組織を破壊できたのです。ミャンマーはまた、タイ、ラオスとともに東南アジアの麻薬の密造地帯である「ゴールデントライアングル」の1つであり、世界のドラッグの80％がここから世界へ向けて輸送されます。ニュージーランドやオーストラリアへのアヘンはここから届けられるのです。ここでも、地下トンネルのマグレブ鉄道を使って、人身売買や武器や麻薬を密輸していました。ミャンマーの国民もアヘン栽培に携わるので、麻薬中毒になっている人が多いのが問題になっていますね。でも、ミャンマーの愛国者の軍隊は、世界のアライアンスとともに活動

*ダークネット

特定のソフトウェア、構成、承認でのみアクセス可能な非標準の通信プロトコルとポートを用いるオーバーレイ・ネットワークのこと。

していますよ。

美代子 ミャンマーでもカバールとアライアンスの闘いが裏で行われていたのですね。

内乱が起き、
危機を迎えている中国

美代子 次に、中国の動きを教えていただけますか？

ジーン 現在、中国では内乱が起きています。中国共産党の党員たちが国内の大学を回り、若者たちを無理矢理に軍隊にリクルートするために連れ去っています。この件で、多くの人々から反撃を受けていますので、いずれ、中国共産党は倒されるでしょう。中国では深刻な気象戦争が起きているために、各地で洪水の被害が出ていますね。武漢などではゴルフボールサイズの雹が降ってきました。雷雨だって人工的に作られるのです。ニュースでも知られている三峡ダムも、もう崩壊寸前です。ここでは、上空から

の豪雨だけでなく、ダムの下でも人工地震が起こされています。現在、三峡ダムではダムとわからないほど水位が上がっています。グーグルで検索して出てくる画像などは古いですよ。三峡ダム周辺には武漢研究所をはじめ、アドレノクロムの製造工場や遺伝子の実験を行う地下基地、ビットコインのマイニング施設、水力発電所や原子炉など数多くの重要な施設がありますが、現在、電力が供給できなくなっているので、大きな打撃となります。たとえば、ビットコインの50％以上はカバールが所有していますからね。彼らの人身売買の支払いにビットコインが使われていました。

美代子　気象を操作する、ということではアメリカでもハリケーンがよく起きますね。

ジーン　はい、アメリカでも人工的なハリケーンが起きています。これも、土地の浄化と掃除という意味では、いい感じに進んでいるというところです。

美代子　なるほど。とにかく、中国共産党を潰せることができたら安心ですね。

オークションサイト、「イーベイ（e-Bay）」で子どもたちが売られている!?

美代子　子どもの人身売買は、完全にストップできるのですか？

ジーン　そのために、少し前にインターネットを完全に止めたことがあります。これは、金融リセットのためでもあったのですが、人身売買を追跡するために、ネットを一時的に止める必要がありました。何しろ、「イーベイ（e-Bay）」で子どもたちが売られているんですよ。だから、ネットを止めて、それらを調査していたようです。売られている子どもたちの画像のバーコードを見ると、FBIのリストで行方不明の子どもたちだとわかりますね。

　他にも、カバールが製造したワクチンやその追跡システムもチェックされています。ワクチンに入れられたマイクロチップによってカバールが人々を追跡できるようにして

いますから。実は、その様子もダークネット上で見られる
のです。それをアライアンス側が調査しています。今、ロ
シアも、同様にダークネットをハッキングして、これにつ
いて調査しています。ワクチンを接種した人はネットにつ
ながってしまうので、アライアンスはこのための対処方法
を検討しているところです。

 # 「闇の10日間」は局地的に行われる

美代子　ありがとうございます。私たちの知らないところ
で、アライアンスがそのような働きをしてくれているんで
すね。そういえば、すべてのシステムを量子レベルに変え
るために必要だといわれていた、「闇の10日間」はどうな
りましたか？

ジーン　聞いた情報では、世界中で起きるのではなく、局
地的になりそうです。その場合、その場所次第で日数も異
なる様子です。

美代子　私もそう思いました。すべてのシステムが10日間も止まるなんて、少し非現実的ですよね。インターネットがダウンすることで、医療機関やその関係者など困る人たちも出てくるでしょうから。

ジーン　はい、そんなに長い期間ではないでしょう。

 # メドベッドにまつわる誤解

美代子　医療といえば、量子医療機器であるメドベッドについて、何か最新の情報はありますか？

ジーン　その質問をしてくれてよかったです。メドベッドに関しては誤情報が多く出回っています。まず今、噂されている説で治療の際にDNAが使われるという説がありますが、それは本物のメドベッドではありません。メドベッドは量子レベルの話なのでDNAは関係ありません。人はメンタル体、アストラル体、エーテル体、そして、物質的

な肉体を持って生まれてきますが、そのうち、エーテル体の設計図にもとづいて、身体を生まれた時の健康な状態に戻すという機器なのです。だから、手足を失っても再生されるのです。

美代子 メドベッドによって、多くの方が救われますね！この機械は、やはりアメリカから使われるのですか？

ジーン アライアンス側の17か国で使用されると思いますよ。ただし、どこで誰が使用できる、などは、最初は秘密になると思います。

美代子 ちなみに、メドベッドが使える国として日本も入っていますか？

ジーン はい、もちろん、日本も入っていますよ。私の意見では、日本はアライアンスへ最大の貢献をしていますからね。

美代子 そうなのですか!?　それでは、日本でも使えるようになるのですね。安心しました。まずは、これまでの大

手製薬会社が排除されて、その代わりに、今まで医学の世界では抑圧されてきた、代替療法の波動療法や再生治療、ビタミン療法、水素や音波治療器、温熱療法などがいろいろと出てくると思うので、それらも含めて、本当に楽しみです。

ノートルダム大聖堂の火災で活躍した日本のアライアンス

美代子 カバールとアライアンスで他の動きはありますか？

ジーン はい、アライアンスがカバールの反キリスト教の動きを阻止しました。

美代子 どうやってですか？

ジーン パリのノートルダム大聖堂の火災＊が2019年の

　4月にありましたね。この時、日本のアライアンスが、ノートルダム大聖堂におけるカバールの悪魔的な計画を知ったのです。カバールはイエスキリストのDNAからクローンを作っていたのです。大聖堂の地下には納骨堂があり、ここには黒死病で死んだ人の遺骨が納められています。また、ここで毎年、666人の子どもを悪魔に捧げるために生贄の儀式も行われていたのです。実は、この悪魔の儀式を行うために「レイライン（地球上のエネルギースポットをつなぐライン）」上で行うことが大事だったので、ノートルダム寺院は、レイライン上に建設されていました。そして毎年、星が適切な並び方をするタイミングでポータルを開けて、低い次元からルシファーを上昇させるのです。でも、ルシファーは大きいので、そのポータルが

＊ノートルダム大聖堂の火災

2019年の4月に火災になったパリのノートルダム大聖堂の様子。教会の地下からは子どもたちの骨が多数出てきている。＜画像はジーン氏提供＞

広くないと上へ上がっていけません。そのために必要なのは、子どもたちの苦しく激しい叫び声や、生贄のエネルギーです。

　イースターイブには、大勢の敬虔^{けいけん}なクリスチャンたちが聖地巡礼の前に大聖堂に礼拝をしに集まります。大聖堂の屋根には鉛が使われていたので、大聖堂に火をつければ、重いドアは開けられず、中の人は脱出できないので焼け死んだり、鉛の中毒で苦しく死に絶えるだけです。さらには、地下には閉じ込められた悪魔の生贄になる子どもたちが666人います。2019年のイースターイブの夜に、カバールはこの悪魔の儀式を予定していて、あのビッグマイク（ミシェル・オバマのこと）も参加する予定でした。

　当日は、ルシファーが出てきて、クローンのイエスキリストの身体に入り、世界にアルマゲドン（世界の終わり）を起こす予定だったのです。そこで、これを阻止するためにアライアンスは教会を4日ほど早く燃やしたのです。ビッグマイクは、予定が狂ったので、火を消しに現地に来たのですが、教会のある狭い通りはトラックが1台しか通れず、何もできませんでした。これによって、反キリスト

教主義であるアンチ・クライストのルシファーは出てくる
こともありませんでした。この時の日本のアライアンスの
役割はとても大きかったのですよ。

美代子　日本のアライアンスも、そんな活動をしているの
ですね。こんなことはリークされないので、残念ですね。
それにしても、大聖堂の地下でそんな悪魔的なことが起き
ていたなんて、ひどい話です。

アライアンスに 参加しているのは17か国

美代子　ところで、アライアンスと一言で言いますが、計
17か国が参加していると聞きましたが、どんな国があり
ますか？

ジーン　アメリカ、カナダ、オーストラリア、ロシア、日
本、それから……。

美代子　インドに中国もですよね？

ジーン　はい、中国もですし、インドのモディ首相の役割は大きいです。他には、サウジアラビア、イスラエルも入っています。イスラエルは、最高の人たちがいると思えば、最悪なマフィアもいます。

美代子　今ではアライアンスが協力して、中国共産党を倒す計画がかなり進んでいるとのことですね。

ジーン　はい、中国共産党はそのうち倒されますよ。

美代子　それは、安心しました。そうなると、素晴らしい世の中がやってきますね。

ジーン　たとえば、これはハンガリーのアライアンスの活動ですが、120機もの特殊部隊のヘリコプターです。ハンガリーにいる私のコーディネーターが撮った動画です。

〜動画を確認〜

美代子 すごいですね！ これは、誰かの逮捕のために動いているのですか？

ジーン はい、逮捕や救出、破壊などさまざまな活動をしていますよ。あと、ブラジルではアライアンスの特部部隊の空軍が上空でＱという文字を描いています。

〜動画を確認〜

美代子 まあ、頼もしいですね！

ジーン はい。でも、カバールは自分たちがやられてしまうならば、最後には地球を破壊しようとします。人類を道連れにしようとするのです。だからこそ、私たち人類や地球が全滅してしまう前に、こちらもできる限りのことをしないといけません。今回のワクチンなどで犠牲者は出るでしょうが、地球の崩壊と人類の全滅を防ぐには避けられない過程だったかもしれません。接種者は、今、ワクチンの副反応がなくても、これから数年間で身体に支障が出てくる可能性は大なので、今から十分に身体の解毒を行っておくべきですね。

美代子　本当にそうですね。とにかく、これからはなるべく犠牲者が出ないうちに、多くの人々が目覚め、自由な世界になることを祈ります。ジーンさん、今回も長いインタビューを本当にありがとうございました。お身体を大事になさってくださいね！

ジーン　こちらこそ、いつもありがとうございます！　美代子さんもお元気で活動してください。神様のご加護をお祈りします。

美代子　ありがとうございました。

Gene Cosensei
—— ジーン・コーセンセイ ——

AFTER THE INTERVIEW
対談を終えて
美代子の部屋
③

☕ 忘れてはいけない地下基地 「エリア51」

　対話中にもお話ししたように、ジーンさんは前著でご紹介した3人のうち、その情報の詳細さに加えて、対話から伝わってくる、真実を追求する真摯な姿勢と誠実なお人柄にとても人気があったお方です。

　そこで、今回の本でもぜひ登場していただきたいとお願いしたら、快く引き受けてくださいました！

　私自身も、いつもジーンさんにインタビューするたびに、新しい知識がいただけるだけでなく、ジーンさんの奥深い精神性にも触れられることで、いつもワクワクしています。

　さて、ここでは、もともとジーンさんが得意分野としている世界の地下基地についての続報をお伝えしておきたいと思います。

　前著では、アメリカ各地の地下基地を州別にご紹介していましたが、今回は、地下基地の紹介をするなら、ここの場所は外せない、という基地をご紹介しておきます。

　それは、誰もが一度は聞いたことがある「エリア51」という場所。

　UFOが墜落したというあの「ロズウェル事件」で知られているアメリカのネバダ州にある空軍基地の「エリア51」は、今回の対話の中でも出てきましたが、実は、秘密地下基地の中でも最も悪名高い基地の1つです。

　その規模も大きく、基地は大きく3つに分かれていますが、地下29階ある超巨大な施設もあり、「新世界秩序（New World Order）」を掲げて、悪魔崇拝をするレプティリアンとカバールによって運営されており、CIAもここでの活動に深く関与しています。

　基地では、核爆弾のテストが行われていたり、軍が極

秘に開発していたりする軍用機「オーロラ」やステルス戦闘機などの開発、その他、宇宙船などのテストも行われています。

　また、宇宙人のスモールグレイからクローンを作ったり、AI的人工生命体の製造、拉致してきた人を用いてのハイブリッド実験や遺伝子操作をしたりなど、数多くの不気味なことをしています。

　この地下基地では、「宇宙人のための地球乗っ取り計画」がさまざまな形で行われているのです。

　何しろ、この基地のトップは、レプティリアンなのですから。

　これまで、レプティリアンのような悪魔的存在が地球を乗っ取りつつあり、地球だけでなく宇宙に及ぼす影響について、まったく表の世界では語られてこなかったのです。

　いえ、たとえ表にこのような情報が出ても一笑されるか、信じてもらえなかった、というのが本当のところでしょう。

　現在は、アライアンスが世界中の基地を一掃中ですが、

このようなことが続いていたら、近い将来、地球も人類も全滅していたことでしょう。

今回のジーンさんのお話の中で、ノートルダム大聖堂の話もありましたが、これがカバールたち、いわゆる悪魔崇拝者たちの正体なのです。

世界で起きた大きな事件を振り返ってみても、ケネディ大統領暗殺、9.11の世界同時多発テロ事件、ダイアナ妃の暗殺事件、そしてあのタイタニック号の沈没も、悪魔に捧げる儀式として事前に計画されていたのです。

世界的な凶悪事件や残酷な事件を洗い直せば、悪魔に捧げる儀式のための事件は、もっと出てくるはずです。

☕ 悪魔崇拝者の実態を語る
アリゾナ・ワイルダー

ここでは、そんな悪魔的儀式を執り行ってきたアリゾナ・ワイルダーの話をご紹介します。

対話中にも彼女の話題が出てきていましたが、彼女は、ナチスの科学者であったヨーゼフ・メンゲレ*博士によって洗脳され、イルミナティの女祭司をしていまし

た。ジェニファー・グリーンというのが彼女の本名です。

　以下に、彼女と作家のデイビッド・アイクの会話の一部を、『Revelations of A Mother Goddess』（デイビッド・アイク著）から抜粋してご紹介しましょう。

◇◇◇

アリゾナ　世界を支配しているのは13のファミリーで、ヨーロッパの王室などのイルミナティです。彼らの本当の姿は、人間ではなくレプティリアンです。彼らは、レプティリアンの姿に戻ることを防ぐために、人間の血液を摂取する必要があるのですが、血液を摂取している限り、彼らはこの世界で正気で過ごせます。まず、被害者を殺す前には、彼らを恐怖に落とすことで血液の中に彼らに必要な分泌物が入ります。実際には、すでにその瞬

＊ヨーゼフ・メンゲレ

ドイツの医師、ナチス親衛隊の将校。「ナチスのガス室の死の天使」と呼ばれた。第２次世界大戦中にアウシュビッツで勤務し、収容所の囚人を用いて人体実験を繰り返し行っていた人物。囚人をモルモットと呼び、有害物質や病原菌を注射したり、血液を大量に抜いたり、死に至るまで凍らせたり、生きたまま解剖したりなど想像を絶するような残酷な実験を行うことで怖がられていた。

間が来ると、彼らは野生動物としての興奮を抑えられず
に、レプティリアンに姿を変えて被害者に襲いかかると、
身体の一部を食べてしまうのです。そして、被害者の血
は飲み、腸などは自分の皮膚に使います。

　今、地球の波動が変わってきているので、彼らも人間
の姿を保つのが難しくなってきており、さらに人間の血
が必要になっています。歴史的には、4,000年前にレプ
ティリアンが地球に到達して、人類の支配をはじめまし
た。彼らは地球の地下に潜みながら、その一部は支配層
になり、あらゆる分野に浸透して、巨大なパワーを手に
してきたのです。

　実は、レプティリアンは別次元からやってきている存
在で、この次元では物質化して姿を保っています。彼ら
はクリスチャンが言う"悪魔"そのものです。彼らは、
ある奈落の底の次元（4次元と関係あり）に閉じ込めら
れていて出られないので、悪魔的儀式によって出てこら
れるのです。ちなみに、生贄になるのは途上国の子ども
たちが多いです。なぜなら、その子がいなくなっても誰
も騒がないからです。子どものエネルギーはとても純粋

です。彼らを使って悪魔に捧げる儀式をして、生贄にして血を摂取します。そして、その血を各自のゴブレットで飲むのです。

デイビッド　この生贄は、毎月起きているのですか？

アリゾナ　はい、毎月です。教会で悪魔に捧げるハロウィンの夜が一番ひどいです。私が悪魔の儀式で見たのは、ジョージ・ブッシュ（アメリカ合衆国元大統領）、キッシンジャー（ニクソン政権およびフォード政権期の国家安全保障問題担当大統領補佐官、国務長官）、ヒラリー・クリントン、オルブライト（クリントン政権の国務長官）。ジェイ・ロックフェラー、ジェラルド・フォード（アメリカ合衆国元大統領）、私のガイド役だったヨーゼフ・メンゲレ（ドイツの親衛隊の将校）、トニー・ブレア（イギリス元首相）、イギリス王室のエリザベス女王、マーガレット王女、チャールズ王子、フィリップ王子、そして、ロックフェラー家の人々などです。私は彼らが子どもを生贄にするところを見ました。女王が人間の血を飲んだり、その肉を食べたりするのを見たのです。それぞれがそのためのゴブレットを持っています。そして、儀

式時のローブの下は裸です。シェイプシフトするために、下着はつけられないのです。

デイビッド エリザベス女王のお母さん（エリザベス・ボーズ＝ライアン）は、どんな人でしたか？

アリゾナ 女王の母親は冷酷で残酷です。死んでもまた彼女のエッセンスが同じ血統の別の肉体に入るのです。レプティリアンは長生きできるので、何度も違う肉体に入っています。

デイビッド シェイプシフトには、どれだけ時間がかかりますか？

アリゾナ シェイプシフトは瞬時で起きます。みるみる姿が大きくなります。また、ゼカリア・シッチンという男も儀式にいましたが、イルミナティに関しての誤情報をわざと流しています。

いかがでしょうか？

アリゾナ・ワイルダーの話の一部からだけでも、悪魔崇拝を信奉する世界の支配者たちの本性を垣間見ることができます。でも、こんな悪魔が支配する狂った世界とも、もうすぐお別れです。

今、私たち人類は、殺戮のホロコーストにあう前に立ち上がる時がきています。

タリバン政権になった アフガニスタンの真相とは!?

今年の8月末に、アフガニスタンから米軍部隊が撤収し、タリバンが再び政権を掌握するという一件がありましたね。

この件についても、ジーンさんにお聞きしてみると次のように答えていただきました。

「アフガニスタンの一帯は、アヘンケシの産地です。かつて、ブッシュやCIAがケシを栽培させていて、そこからアヘンを密輸していました。それが、カバールや中

国共産党の資金源になっていたのを退治したのです。こ
れを行わないと、アフガニスタンでは「GESARA（Global
Economic Security and Reformation Act（地球経済安全保
障改革法）」ができないのです。そのために、アライア
ンスの米軍が愛国者のタリバンに兵器を置いてきたので
す。これは、カバール側のイスラム国（ISIL）をやっつ
けるためです。今回のアフガニスタンの一連の騒ぎは、
アライアンスと愛国者のタリバンとの連携プレーでし
た。また、カバール側の中央銀行をあの地から追い出し
たのです」

とのことでした。

要するに、悪いのはタリバンではなく、カバールと中
国共産党だというわけですね。

資源のある途上国は、何かとカバールの被害者になり
がちですが、アフガニスタンは本来なら、資源豊かな美
しい国でもあるのです。

今回のアフガニスタンの一件では、バイデンの支持率
が急降下することにもなったので、このための作戦でも
あったのだと思います。

となると、現在は、トランプチームやQ、アライアン

ス側の作戦の方がはるかに勝っていることになります
ね。

　アフガニスタンだけでなく、戦火が飛び交う国もまだ
多いのが現状ですが、あらゆる世界の国々に早く平和が
訪れることを祈ります。

☕ 地球内部には
　パラダイスが存在している

　特に今回、ジーンさんのお話の中で興味深かったのは
地球空洞説です。

　スピリチュアルの世界などでは、よく聞く地球空洞説
ですが、今回私なりにこの説について少し調べてみまし
た。

　実は、南極の「オペレーション・ハイジャンプ」を率
いたことで知られているリチャード・バード海軍少将は
南極に赴く前に、北極にも探検飛行に行っていたのです。

　その際、彼が地球の内部を体験することになったので
すが、その件を上司に報告すると、誰にも言うなと口止

めされたようです。

　彼の日記が手に入ったのでざっと読んでみると、彼は北極を探検中に3時間ほど行方不明だったとのことですが、実は、その3時間で地球内部に行っていたようでした。

　バード将軍の当時の記録には、次のように書かれています。

「地球内部の知的生命体は、非常に親切で優しく、我々を助けてくれている。12フィート（3.6メートル）〜20フィート（6メートル）の背の高さがあり、5次元以上の存在たちである。私はそこの代表に案内されて、そこでは何千年分も進んだテクノロジーを見せてもらった。また、そこにいた人々は、地上の人間と非常によく似ていたけれども、より美しく、より精神性が高い感じに見えた。そこでは、戦争はなく新しいエネルギー源があり何もないところから光も食料も受け取ることができるし、車も走ることができる。彼らは、地球上の住民にコンタクトを取ろうとしたが、毎回、宇宙船の撃墜を受けて失敗したらしい。そこで彼らは、最終的に地球上の人類が自己破壊する段階になったら、アプローチをするこ

とに決めたそうだ。別れ際には、入り口まで案内してもらい、地上に出ることができた」

　ということです。

　バード将軍の話が真実なら、地球内部の存在たちは、楽園のような世界に住みながら、地上にいる私たちを温かく見守ってくれているようです。

　そして、私たちの準備が整えば、地球内部の世界にも行くことができるようですね。

　地球を"住宅"に例えると、彼らは心地よい室内に住み、私たち人間はその家の屋上に住んでいるイメージらしいです。

　もしかして、天国とは天上にあるものではなく、地球の内部にあったのかもしれませんね。

　これから将来に向けて、地球は宇宙へ出ていく時代になると思いますが、地球内部にもレムリアにいたような高次元の存在たちがいるなんて感動ですね。

　私たち人間も同様で、自分の内側にこそ神秘の世界が広がっているものです。

　あなたも、外側に目を向けるのではなく、自分の内側

へ「自己探究の旅」をしてみるのもいいかもしれません
ね。

　でも、地球内部も素晴らしいのかもしれませんが、地
上の自然たちだって、負けてはいません。

　地上にある水や樹木、花や植物たちも、すべてが生命
体であり、そして、私たちのために存在してくれていま
す。

　このような時期だからこそ、彼らの持つ自然のパワー
を私たちも感謝しながら摂り入れていきましょう。

　茶番からはじまったコロナ禍の日々も、まだまだ続く
ようですので、私たちは愛と感謝の気持ちを忘れずにポ
ジティブに過ごしていきましょう。そうすれば、きっと
この困難も乗り越えていけるはずです。

　ぜひ、新しい地球で、みんなが仲良く健やかに過ごし
ているのをイメージしていきましょう。

　今回ジーンさんは、恐ろしいモルゲロン病と闘いなが
らも、私たちのために惜しまずに情報を出してください
ました。そんなジーンさんに、心から感謝いたします。

　ジーンさんも、１人でも多くの人が地球のアセンショ

ンに同調できるように、自分を犠牲にしながらも、私た
ちをサポートしてくださっているのです。

　いつもジーンさんから、「神様のご加護がありますよ
うに！」と言っていただくのですが、今日は私からジー
ンさんに、この言葉を捧げたいと思います。

　ジーンさん、神様のご加護がありますように！

おわりに

　本書を最後まで読んでくださった、読者の皆さんへ。
　どうもありがとうございます！

　現在、今回の3組の方々をインタビューした時点から、さらに世界は大きく動きつつあります（ジャネットさんとシンサさん、ジーンさんのインタビューは2021年6月に、ジェームズさんは、6月と9月に2回行いました）。
　そこで、現時点（2021年10月）までのその後の動きを追記しておきたいと思います
　大統領選以降の世界については、「はじめに」でもお伝えした通りですが、現在は、選挙後はアメリカという国は米軍の支配下にあり、その司令官がマイケル・フリン将軍になっています。
　そして、2021年3月11日に米軍がトランプさんを軍の総司令官として認めたことで、2021年8月22日には、トランプさんが実質的なアメリカ共和国の大統領になっているのが現状です。

　この作戦は、人類を何千年も支配してきた世界中のカバールを一掃するためにも、極秘に進められてきていたようです。

　また、人類の解放のために、アメリカの宇宙軍がアライアンスの国々とともに、スターリンクのサテライトも打ち上げ、アメリカ主導の下に、金融リセットを通じて新しい宇宙時代の到来の準備も進行中です。

　私たち真実追求者は、このような動きを受け取っていたので、表でどんな間違った報道がされようと、今まで安心して過ごすことができていたのです。

　とはいえ、今の時期は、闇側のアジェンダが進んでいるので、トランプさんが表の世界に出てきてほしいと願っている人が多いのも事実です。

　しかし、カバールは想像以上に巨大で多様な組織とパワーを牛耳っている存在です。

　具体的な名前を挙げるなら、ヨーロッパの王室、バチカン、政治家、宗教的リーダー、ハリウッドスター、グローバル企業のCEO、国連、WHO、国際赤十字などの国際機

関、FBI、CIA、MI6、モサドなどの諜報機関に司法機関、警察組織に教育機関のリーダーたち。

そして、彼らの上で支配しているのは、地下基地や宇宙にいるレプティリアンや、グレイなどのエイリアンたちなど。

本来ならば、勝ち目がないような相手と裏で対峙するために、トランプさんやアライアンスのメンバーたちも秘密裏に動くしかないのが実情なのです。

ただし今、確実にタイムラインは光側が勝利し、人々が解放されるタイムライン上を私たちは生きているのです。

ちなみに、2016年にヒラリーが大統領選で勝利するタイムラインでは、さらに人類家畜化計画が進み、地球と人類の未来は明るいものではなかったのです。

だからこそ、まずは、私たちがすでに希望あふれるタイムラインの上を生きているのだ、ということを知っておいてほしいのです。

けれども、世の中に目を向けると、今でもまだ社会全体はワクチン接種が拡大するなど、カバール側の洗脳に落ち

たままです。

　特に、闇の支配が強かったオーストラリア、カナダ、オランダなどではナチス的な警察国家的な支配がはじまり、人々の自由が奪われ、恐ろしい状況になっています。

　そんな時期でもあるからこそ、1人でも多くの人の真実への目覚めが促されているのです。

　でも、この本が発売される頃には、状況はかなり好転していると思います。

　アメリカでは、10月は収穫のシーズンでもあることから「赤い月」と呼ばれ、ホワイトハウスも10月1日には赤いライトで照らされていましたが、これもカバールの最終退治が行われるというサインのようです。

　今後は、カバール側のメンバーの辞任や逮捕、処刑が進み世界の構図が大きく変わっていくはずです。

　そして、ワクチンを打ってしまった方へ。

　ワクチンの副反応が強かった方は、今後は電磁波の影響やMRIなどを受ける際には十分に気をつけてほしいと思います。

　でも、心配はいりません。

今回の3組との対話の中でも出てきましたが、今後は最先端の量子医療が登場するだけでなく、地球のエネルギーも上がってきます。

　ポジティブで愛と感謝の気持ちを抱きつづけていれば、あなたの波動も上がり、デトックスも進むはずです。

　対話中には、3組の皆さんが松葉茶やNACをおすすめしていましたが、その他、亜鉛、ビタミンD3、ビタミンCなども大事です。

　その他、抗マラリア剤のヒドロキシクロロキンや駆虫薬のイベルメクチン、無農薬のレモンやグレープフルーツの皮を煮出したものなどでもデトックスができるようです。

　ただし、私は医師ではないので、ご自身でも情報を調べた上で、自分に合うものを摂取してくださいね。

　最後に、今回もインタビューに応じてくださった3組の皆さんへ、感謝を捧げたいと思います。

　ジャネットさん＆シンサさん、ジェームズさん、そしてジーンさん、お忙しい中、本当にありがとうございました。

　また本書の出版を急遽決断して進めてくださった

――― **おわりに** ―――

VOICE の大森社長、編集の西元さん、デザインの小山さん、校正の野崎さん、さらには、応援くださった友人の早瀬丈太郎さん、サロンメンバーと家族や高次元の存在に深謝いたします。

　新しい地球では、すべての人が幸せな人生を送れますように！

佐野美代子

佐野美代子
Miyoko Sano

東京生まれ。商社マンの父の赴任先の英国ロンドン郊外で小学校時代を過ごし、大学時代はボリビアの大学にも留学。 神戸大学付属中学卒業、大阪教育大学付属高校卒業、上智大学英文学科卒業。外交官の夫とともにパリ、ジャカルタ、ニューヨーク、ジュネーブ、コペンハーゲンと駐在し、海外生活は通算24年以上。外交官夫人として国際文化交流の活動をする一方で、国際会議の同時通訳者として20年以上活躍。モンロー研究所公式アウトリーチ・ファシリテーター。

∞ 通訳 ∞

国連、ILO、欧州委員会などの国際会議の同時通訳、宇宙データ通信、金融、投資、文化、教育、環境、広告、経済、IT・情報通信など幅広い分野の会議通訳。ジョージ・ルーカス、宇宙飛行士、ヴァレンチノ・ファッションショー、フランク・ミュラー、東京都知事とジュリアーニ市長、ハワイ州知事など数多くの記者会見。CNN 2カ国放送の通訳。バーバラ・ブレナン、ラムサの学校、クリムゾン・サークル、モンロー研究所など数多くの精神世界の同時通訳。

人類の覚醒に命を懸ける
真実追求者たちとの対話
Truth Seekers II
光の勝利で、ついにカバール陥落

2021 年 12 月 15 日　第 1 版第 1 刷発行
2021 年 12 月 25 日　　　　第 2 刷発行

著　者　　　佐野 美代子

編　集　　　西元 啓子
校　正　　　野﨑 清春
デザイン　　小山 悠太

発行者　　　大森 浩司
発行所　　　株式会社 ヴォイス　出版事業部
　　　　　　〒 106-0031
　　　　　　東京都港区西麻布 3-24-17 広瀬ビル
　　　　　　☎ 03-5474-5777（代表）
　　　　　　☎ 03-3408-7473（編集）
　　　　　　📠 03-5411-1939
　　　　　　www.voice-inc.co.jp

印刷・製本　　株式会社　シナノパブリッシングプレス